D1700335

MIX
Papier aus verantwortungsvollen Quellen
Paper from responsible sources
FSC® C105338

Bennet Bonk

Die Energiewende im Kopf

Neuromarketing zur gezielten Markenbildung im Ökostromsektor

Diplomica® Verlag GmbH

Bonk, Bennet: Die Energiewende im Kopf: Neuromarketing zur gezielten Markenbildung im Ökostromsektor, Hamburg, Diplomica Verlag GmbH 2012

ISBN: 978-3-8428-8513-4
Druck: Diplomica® Verlag GmbH, Hamburg, 2012

Bibliografische Information der Deutschen Nationalbibliothek:
Die Deutsche Nationalbibliothek verzeichnet diese Publikation in der Deutschen Nationalbibliografie; detaillierte bibliografische Daten sind im Internet über http://dnb.d-nb.de abrufbar.

Die digitale Ausgabe (eBook-Ausgabe) dieses Titels trägt die ISBN 978-3-8428-3513-9 und kann über den Handel oder den Verlag bezogen werden.

Für Karina, Freya, Dagmar, Jürgen und Volker

ohne deren Liebe und Unterstützung

dieses Buch nicht entstanden wäre.

Inhaltsverzeichnis

Abbildungsverzeichnis

Abkürzungsverzeichnis

MEG.	Magnetenzephalographie
fMRT	Funktionelle Magnetresonanztomographie
PET	Positronenemissionstomographie
EnWG	Gesetz über die Elektrizitäts- und Gasversorgung
EEG	Erneuerbare-Energien-Gesetz
BDEW	Bundesverband der Energie- und Wasserwirtschaft
VDEW	Verband der Elektrizitätswirtschaft
kWh	Kilowattstunde

1. Einleitung

1.1 Problemstellung

Die wechselunwilligen Deutschen verweilen zu 53% in ihren alten, oftmals teuren Stromtarifen. Dies liegt nicht nur an der Gewohnheit, Faulheit oder Angst vor Netzschwankungen. Eine Vielzahl an Tarifen der Grundversorger und Ökostromanbieter überschwemmen den Markt. Der Kunde hat keine Übersicht. Hilfestellung bieten über Werbung und Marketing, den Kunden den Weg zu „sanft" erzeugtem Strom zeigen - dies sollte die Devise sein. Oft stehen das Selbstverständnis und die Positionierung der Ökostromanbieter diesem Vorgehen im Wege. Die Medienwirksamkeit von Katastrophen, wie vor einiger Zeit in Japan, vervielfachen das Potential der Ökostromanbieter. Diesen fehlt es aber bislang an „Marketingpower". Hier könnte mit gezieltem Marketing der größtmögliche Erfolg verzeichnet werden. Es gilt zu untersuchen, ob der Einsatz von Neuromarketing auf diesem Gebiet nützlich und zielführend ist.

1.2 Zielsetzung

Zielsetzung der Untersuchung ist es, am Beispiel des deutschen Strommarktes, genau den deutschen Ökostromanbietern, auf den Nutzen des Neuromarketing aufmerksam zu machen. Durch Beispiele aufzuzeigen, wie sich die Unternehmen den Stand der Forschung zu nutze machen können, um einen sensibleren und effektiveren Zugang zu den Kunden zu finden. Durch die Reizüberflutung in der Werbung und die zahlreichen technischen Möglichkeiten Kunden zu erreichen, ist es sehr schwer für ein Unternehmen sich von den anderen Marktteilnehmern zu differenzieren. Die Marke ist dabei ein sehr großer Einflussfaktor, genauso wie die Emotionen des Kunden. Die Entscheidung, ob ein Produkt gekauft, oder sich für eine Marke entschieden wird trifft der Kunde. Zuvor ist dieser aber sein ganzes Leben mit Werbung konfrontiert worden, hat Produkte getestet und Erfahrungen gemacht. Die Erfahrungen wurden bewusst oder unbewusst im Gehirn des Kunden gespeichert und drücken sich später in einer Kaufentscheidung aus. Vor allem emotionale Reize sind von Vorteil für die Erinnerung und somit im übertragenen Sinne auch für die Marke. Denn jedem Menschen bleiben die emotionalen Erlebnisse in seinem Leben in Erinnerung, der Kauf des ersten Autos, der erst Kuss, die Geburt des ersten Kindes, die WM 2006 in Deutschland. Diese Ereignisse spornen Menschen an und lassen sie ein Teil von etwas Großem werden. Unternehmen müssen sich auf diese neuen Anforderungen an die Kommunikation anpassen und daraus für sich selbst einen Vorteil ziehen, damit sie den Erwartungen der Kunden gerecht werden und nicht in der alltäglichen Reizüberflutung untergehen.[1]

[1] Vgl. Häusel (2007), S. 9

1.3 Aufbau

Nach der Begriffsabgrenzung, die der Erläuterung der in der Untersuchung relevanten Begriffe dienen, wird im Kapitel 3 auf die Grundlagen des Neuromarketings eingegangen. Von den neurobiologischen Grundlagen, zu denen der Aufbau des menschlichen Gehirns gehört, über das Emotions- und Motivationssystem des Menschen, geht es zu den technischen Verfahren mit denen Gehirnaktivitäten gemessen werden können. Abschließend wird eine Auswahl der Methoden des Neuromarketings gezeigt. Das Kapitel 4 steht im Zeichen des deutschen Strommarktes. Es werden die Eigenschaften des Rohstoffes Strom genauso untersucht wie die Marktstruktur und die Informationspolitik der zwei größten Ökostromanbieter Deutschlands. Die erhobene Online-Umfrage und deren Auswertung werden ebenfalls im Kapitel 4 behandelt. Das Kapitel 5 gibt einen Überblick rund um ausgewählte Anwendungsmöglichkeiten des Neuromarketing im Ökostromsektor und leitet zum letzten Kapitel des Buches über. In diesem wird die vorrangegangene Problemstellung betrachtet und ein Ausblick in die Zukunft des Neuromarketings gegeben.

2. Begriffsabgrenzung

Die vorliegende Untersuchung beschäftigt sich mit den Chancen, Potentialen und Anwendungsmöglichkeiten der Neurowissenschaften im Bereich der Markenbildung bzw. der Unternehmenskommunikation. Speziell wird das Segment der Ökostromanbieter bearbeitet. Aufgrund dieser Eingrenzung wird im Laufe der Untersuchung nicht auf allgemeine, sowie nach innen gerichtete Unternehmenskommunikation eingegangen.

2.1 Unternehmenskommunikation

Unternehmenskommunikation befasst sich sowohl mit der Verständigung, als auch der Beziehung des Unternehmens zum Unternehmensumfeld. Untersucht wird die Darstellung des Unternehmens nach außen. Das Unternehmensumfeld oder auch das externe Umfeld beinhaltet alle Handlungsfelder, in denen das Unternehmen auftritt und von Markt und Gesellschaft wahrgenommen wird.[2] In größeren Unternehmen ist es in der Regel so, dass nicht nur eine Abteilung für die externe Unternehmenskommunikation verantwortlich ist. Zumeist hängt die Kommunikation und somit die zuständige Abteilung von den Adressaten ab. Die gängigsten Beispiele dafür sind Presseabteilungen, Kundendienst, Marketing und Geschäftsführung. Presseabteilungen treten mit der Öffentlichkeit in Kontakt, der Kundendienst kommuniziert mit den Kunden, das Marketing spricht potentielle Kunden an und die Geschäftsführung kommuniziert mit den Aktionären oder Investoren. Durch die verschiedenen Kommunikationskanäle ist es unerlässlich ein allgemeingültiges Leitbild zu konstruieren und über die gesamte externe Unternehmenskommunikation hinweg umzusetzen. Dieses Leitbild spiegelt die Politik des Unternehmens wider und sorgt für ein einheitliches Auftreten des Unternehmens. Externe kommunikative Aktivitäten unterstützen das Unternehmensbild und dadurch auch den Absatz der Produkte oder Dienstleistungen.[3]

2.1.1 Zielgruppen der Unternehmenskommunikation

Die externe Unternehmenskommunikation unterstützt die wirtschaftlichen Marktbeziehungen des Unternehmens. Hierzu gehören die Interessenabstimmung und Handlungskoordination im Marktumfeld, welches sich aus Kunden, Wettbewerbern, Lieferanten etc. bildet, zusammengefasst unter dem Begriff „Stakeholder". Des Weiteren fördert die externe Unternehmenskommunikation Prozesse regulativer Natur, z.B. zur Gesellschaft/Öffentlichkeit, zu Gesetzgebern und zu Trägern der Öffentlichen Hand. Dies fällt unter den Begriff der Öffentlichkeitsarbeit oder Public Relations[4].

---

[2] Vgl. Bruhn (1995) S. 136 ff.

[3] Vgl. Schwab/Zowislo (2002), S. 113 f.

[4] Vgl. Piwinger (2007), S. 46

Folgende Zielgruppen werden von der externen Unternehmenskommunikation definiert:

- bestehende und potentielle neue Kunden
- Geschäftspartner
- Lieferanten und Abnehmer
- Investoren
- Öffentlichkeit
- Presse
- Behörden
- Verbände und Gewerkschaften
- potentielle Mitarbeiter
- u.a.[5]

2.1.2 Instrumente der Unternehmenskommunikation

In der externen Unternehmenskommunikation ist es unerlässlich, dass die von der Unternehmensführung aufgestellten und definierten Grenzen und Formen der Kommunikationsaktivitäten von allen Mitarbeitern verinnerlicht werden. Aufgaben in dieser Größenordnung werden von internen Abteilungen übernommen oder an spezialisierte Agenturen übergeben.[6]

Instrumente der externen Unternehmenskommunikation:

- Public Relations
  - Sponsoring
  - Klassische PR und Öffentlichkeitsarbeit
  - Produkt PR
- Werbung
  - Online-Werbung
  - Klassische Werbung
  - Direktwerbung
  - Außenwerbung
- Verkaufsförderung
  - Messen und Ausstellungen
  - Point of Sale
- Persönliche Kommunikation
  - Persönlicher Verkauf

---

[5] Vgl. Schwab/Zowislo (2002), S. 113 ff.

[6] Vgl. Piwinger (2007), S. 46

2.2 Neurowissenschaften

Die Neurowissenschaft ist eine vielschichtige und interdisziplinäre Wissenschaft, welche Analysen des Nervensystems, deren Funktionsweise und Aufbau zusammenfasst und interpretiert. Hierbei werden traditionell getrennte Wissenschaftszweige zusammengeführt. Die Disziplinen werden auf ihre Kompatibilität, Aussagekraft und Relevanz für das menschliche Nervensystem untersucht, um neuronale Funktionen auf allen Ebenen einsehen zu können. Zielsetzung ist es, zu ganzheitlichen Erkenntnissen über die Interaktion aller Gefüge des menschlichen Organismus zu gelangen. Zu den wichtigsten Wissenschaftszweigen der Neurowissenschaften gehören Zellbiologie, Neurologie, Psychologie, Neuroanatomie, Neurochemie, Neuropsychologie, Neurophysiologie, Verhaltensforschung usw. Durch computergesteuerte Untersuchungsverfahren können neuronale Aktivitäten im Gehirn abgegrenzt und abgebildet werden. Es werden Reaktionen auf Stimuli bildlich dargestellt, womit unterschiedliche Areale im Gehirn einzeln untersucht werden können.[7] Den Teil, der sich mit der Interpretation der mentalen Gehirnfunktion beschäftigt, kennt man als kognitive Neurowissenschaften. Unter Zuhilfenahme kognitiver psychologischer Versuchsaufbauten und fortgeschrittener computergesteuerter Verfahren werden die Regionen im Gehirn, die für Kommunikation, Aufmerksamkeit sowie die Erinnerung relevant sind, lokalisiert und erforscht. Es wird untersucht, wie Verhalten, Einfluss von Emotionen, das Nervensystem und Gedächtnisabläufe miteinander in Verbindung stehen. Dahingegen erforscht die Neurowissenschaft die Entstehung und den Aufbau des Nervensystems sowie seine Funktionsweise.[8]

2.3 Neuroökonomie

Die Neuroökonomie ist eine enorm wachsende Fachrichtung, in der die jüngsten Erkenntnisse der Gehirnforschung fächerübergreifend mit den Wirtschaftswissenschaften konsolidiert werden. Im Fokus dieser Lehre steht die Analyse von ökonomisch relevantem Verhalten, visualisiert mit Hilfe der Hirnforschung.[9] Die Definition des Homo oeconomicus, welche zumeist durch die Ökonomie geformt wurde, wird durch die Neurowissenschaft neu geschrieben. Der berechenbare und immer auf seinen Vorteil bedachte Mensch muss einem komplexen Wesen weichen, denn die Handlungsweise des Menschen wird nicht, wie angenommen, von wirtschaftlichen Maximen gelenkt, sondern von bewussten und unterbewussten Erlebnissen und Ereignissen.[10]

---

[7] Vgl. Hanser/Scholtyssek (2000)

[8] Vgl. Wirtz/Burmann (2006), S. 325

[9] Vgl. Domning/Elger/Rasel (2009), S. 28

[10] Vgl. Schwarz (2007), S. 22

2.4 Neuromarketing

Das Neuromarketing ist ein enger Verwandter der Grundlagenforschung der Neuroökonomie. Im Bereich des Neuromarketings legt man besonderen Wert auf die Anwendbarkeit und Dienlichkeit von Maßnahmen und Aktivitäten. Als Teilgebiet des traditionellen Marketings, welches relativ jung ist und sich schnell entfaltet, nutzt die Neuroökonomie neurowissenschaftliche Technologien.[11] Dadurch werden Verhalten und Abläufe, die marketingrelevant sind, erforscht. Vordergründig werden bei diesen Versuchen Produktstimuli und die dadurch ausgelösten Aktivitäten in bestimmten Gehirn-Arealen untersucht. Das Interesse der Forscher gilt den Gehirnaktivitäten, die bei Nutzung und Anwendung eines Produktes ausgelöst werden.[12] Angestrebt ist die Optimierung von Marken und Produkten. Diese sollen beim Konsumenten im Gehirn verankert, verknüpft und gelernt werden.[13]

2.5 Die Marke

Der Begriff Marke hat sich aus dem griechischen Wort „Marka" entwickelt. „Marka" bedeutet Zeichen und steht damit in einer Reihe mit Begriffen, die direkt mit einer Marke verbunden sind, beispielsweise Design, Bezeichnungen, Symbole oder Kombinationen aus diesen Elementen. Diese Begriffe stehen für Identifikation und Differenzierung des Produktes von Konkurrenten. Schon im Jahre 1939 wurden von Hans Domizlaff Grundregeln der Markenbildung festgelegt, welche im Folgenden auszugsweise angeführt werden.

> „Regel 1. Die Voraussetzung der natürlichen Markenbildung ist die Warenqualität.
>
> Regel 2. Nicht die Preisfrage entscheidet in erster Linie, sondern das Vertrauen in die Qualität.
>
> Regel 4. In der Anfangszeit einer natürlichen Markenbildung ist jede laute Reklame gefährlich. Dagegen sind sachliche Begründungen der Qualität wertvoll, die es der öffentlichen Meinung ermöglichen, eine günstige Stellungnahme sich selbst und anderen gegenüber zu vertreten.
>
> Regel 12. Eine Markenware ist das Erzeugnis einer Persönlichkeit und wird am stärksten durch den Stempel einer Persönlichkeit gestützt.
>
> Regel 15. Das Ziel der Markentechnik ist die Sicherung einer Monopolstellung in der Psyche der Verbraucher [...].
>
> Regel 16. Ein geschriebener oder gedruckter Name bedarf einer optischen Ergänzung von besonderer Eindringlichkeit (Logo, Slogan).
>
> Regel 19. Markengesetze sind Naturgesetze.

---

[11] Raab/Gernsheimer/Schindler (2009), S. 1

[12] Vgl. Walter-Busch (2008), S. 121

[13] Vgl. Domning/Elger/Rasel (2009), S. 30

Regel 20. Eine Marke hat ein Gesicht wie ein Mensch. [...]Der Wert eines Markenartikels beruht auf dem Vertrautsein des Verbrauchers mit dem Gesicht des Markenartikels.“[14]

Die Marke kann als „[...] ein in der Psyche des Konsumenten und sonstiger Bezugsgruppen der Marke fest verankertes, unverwechselbares Vorstellungsbild von einem Produkt oder einer Dienstleistung [...]“[15] verstanden werden. Hinzu kommt, dass die Persönlichkeit einer Marke an Bedeutung gewinnt, um sich auf dem Markt zu differenzieren. Dies kann auch eine irrationale Begründung einer Kaufentscheidung erklären, denn Menschen bauen dauerhafte Beziehungen zu Marken auf. Das alles kann unter dem Begriff Markenpersönlichkeit zusammengefasst werden. Die Markenpersönlichkeit umfasst hierbei nicht nur menschliche Eigenschaften - der Marke wird eine Seele eingehaucht oder es findet eine direkte Personifizierung statt. „Käpt´n Iglo“ ist hierfür ein sehr gutes Beispiel.[16] Durch den sozialen Einfluss avancieren einige Marken zu Statussymbolen. Eine Marke steht für den Eindruck eines Qualitätsstandards, mit dem sich der Kunde identifizieren möchte. Eine Marke kann im besten Fall die Hälfte des Kapitalwerts des Unternehmens ausmachen. Damit stellt die Marke im Wertschöpfungsprozess der Firma einen zentralen Erfolgsfaktor da.[17] Wie wichtig die Marke für ein Unternehmen ist, brachte Robert Pittman von AOL auf den Punkt:

> „Das Produkt Coca-Cola hat den Geschmackstest nicht gewonnen. Das Programm von Microsoft ist nicht das beste Betriebssystem. Es sind die Marken, die gewinnen“[18]

[14] Wölki (2007), S 104 ff.

[15] Lorenz (2009), S. 44

[16] Vgl. Lorenz (2009), S. 46 ff.

[17] Pförtsch/Müller (2006), S. 50

[18] Esch (2007), S. 9

3. Grundlagen des Neuromarketing

3.1 Neurobiologische Grundlagen

Die menschliche Kommunikation funktioniert nicht nur über Sprache und Worte. Mindestens genauso wichtig ist die nonverbale Kommunikation in Form von Körpersprache. Nicht zu vernachlässigende Aspekte wie Sehen, Hören, Tasten, Schmecken und Riechen, geben dem Menschen zusätzliche Informationen, die verarbeitet werden müssen. D.h. Ein Mensch sendet eine Botschaft zu einem anderen Menschen, welcher dann die Aufgabe hat diese Botschaft mit den zur Verfügung stehenden Informationen zu entschlüsseln. Dies erfordert eine umfassende Gehirnleistung, bei der alle Sinne berücksichtigt werden müssen. Um zu verstehen, welche Abläufe in einem Gehirn während der Informationsaufnahme oder des Informationsaustausches stattfinden, wird zunächst der Aufbau und die Funktionsweise eines menschlichen Gehirns erklärt. Im folgenden Kapitel wird nicht auf die einzelnen Sinnesorgane eingegangen. Das Ziel ist die Abläufe im Gehirn näher zu bringen. Der Weg der Informationen dorthin wird vernachlässigt. Das Hauptaugenmerk wird auf das limbisches System, das neuronale Netzwerk und die kognitiven Prozesse gelegt.

3.1.1 Aufbau des Gehirns

Das Gehirn ist wohl das komplexeste und gleichzeitig bedeutendste Organ des Menschen. Laut aktuellen Studien benutzen die Menschen nur einen Bruchteil der zur Verfügung stehenden Ressourcen. Um einen Überblick zu schaffen, wird in den nächsten Kapiteln auf die Grundstruktur des menschlichen Gehirns eingegangen. Hierbei werden die wesentlichen fünf Teile[19] des Gehirns genannt und beschrieben, welche für die weitere Untersuchung von Bedeutung sind: das Stammhirn, das Kleinhirn, das Zwischenhirn, das Großhirn und das limbische System.[20] Letzteres wird im Kapitel 3.1.2 noch einmal aufgegriffen.

Das **Stammhirn** ist evolutionstechnisch der zuerst entwickelte Teil des Gehirns. Es bildet eine Brücke zwischen dem Groß- und Kleinhirn, sowie dem Rückenmark. In diesem Bereich des Gehirns verlaufen unter anderem Leitungsbahnen des Groß- und Kleinhirns. Gleichermaßen ist das Stammhirn für die Vitalfunktionen zuständig. Zu diesem gehören Atmung, Nahrungsaufnahme, Verdauungs- und Herzkreislaufsysteme und auch die Kontrolle über die Hormonausschüttung des Körpers.[21] Wichtige Botenstoffe wie Serotonin, Noradrenalin und Dopamin werden im Stammhirn produziert. Interessanterweise entsteht der Grad der Emotionen im Stammhirn, wohingegen in anderen Regionen entschieden wird, ob der Mensch Emotionen wie Angst, Wut oder Liebe verspürt.[22] Im Stammhirn,

[19] Vgl. Schirmer (2005), S. 15

[20] Ebd. S.15

[21] Vgl. Schirmer (2005), S. 26 f.

[22] Vgl. Hülshoff (2005), S. 20

auch die Brücke genannt, befinden sich Nerven, die Schmerzempfindung und Bewegungen der Gesichtsmuskulatur steuern.[23]

Das **Kleinhirn** ordnet und korrigiert die Position des menschlichen Körpers in seiner Umwelt und ist für die Feinmotorik zuständig. Es fungiert als Koordinator zwischen Rückenmark, Großhirn und Gleichgewichtsorganen und ist über das Stammhirn mit dem Großhirn verbunden.[24] Dieser Teil des Hirns befähigt den Menschen mit einem Hammer anders umzugehen als mit einem Stift.[25]

Im Vergleich zu den beiden erstgenannten Regionen des Gehirns, welche eher im Hintergrund arbeiten und Abläufe im Körper koordinieren, ist das **Zwischenhirn** fest mit bewusstem Handeln und Empfinden in Verbindung zu bringen. Der größte Teil des Zwischenhirns, der „Thalamus", übernimmt die Weiterleitung von Informationen der Sinnesorgane, ausgenommen dem Geruchssinn, an die Großhirnrinde. Gerüche werden ausnahmslos an das limbische System geleitet. Dieses System wird im nachfolgenden Kapitel genau beschrieben und ist für Emotionen zuständig. „Jemanden nicht riechen können", ist somit nicht nur eine Phrase. Die Abneigung gegenüber Gerüchen setzt Emotionen frei, egal wie sehr sich die anderen Teile des Gehirns bemühen, diese Person oder diesen Ort als sympathisch einzuordnen.[26] Das Zwischenhirn hat in diesem Fall keinen Einfluss auf die Empfindung, anders als auf den Tag-Nacht Rhythmus des Menschen und das Immunsystem. Eine Drüse im Zwischenhirn produziert das hierfür zuständige Hormon Melatonin. Der Hypothalamus und die Hypophyse sind zwei weitere Regionen im Zwischenhirn, die für die Bildung von Hormonen, wie z.B. Noradrenalin, Adrenalin und Wachstumshormone zuständig sind.[27]

Das **Großhirn** ist für die Steuerung aller Körperfunktionen zuständig und in zwei Gehirnhälften geteilt. Der sogenannte Balken verbindet die beiden Gehirnhälften.[28] Ein sehr wichtiger Teil des Großhirns ist die Großhirnrinde. Diese erstreckt sich über die gesamte Oberfläche und wird auch „Neokortex" genannt.[29] Die folgende Abbildung zeigt die Positionierung der primären und sekundären sensorischen Gebiete auf der Großhirnrinde.

---

[23] Vgl. Spitzer/Bertram (2008), S. 16

[24] Vgl. Barmeyer (2008), S. 104 f.

[25] Vgl. Schirmer (2005), S. 15

[26] Vgl. Spitzer/Bertram (2008), S. 18

[27] Vgl. Spitzer/Bertram (2008), S. 18

[28] Vgl. Schirmer (2005), S. 15

[29] Vgl. Spitzer/Bertram (2008), S. 19

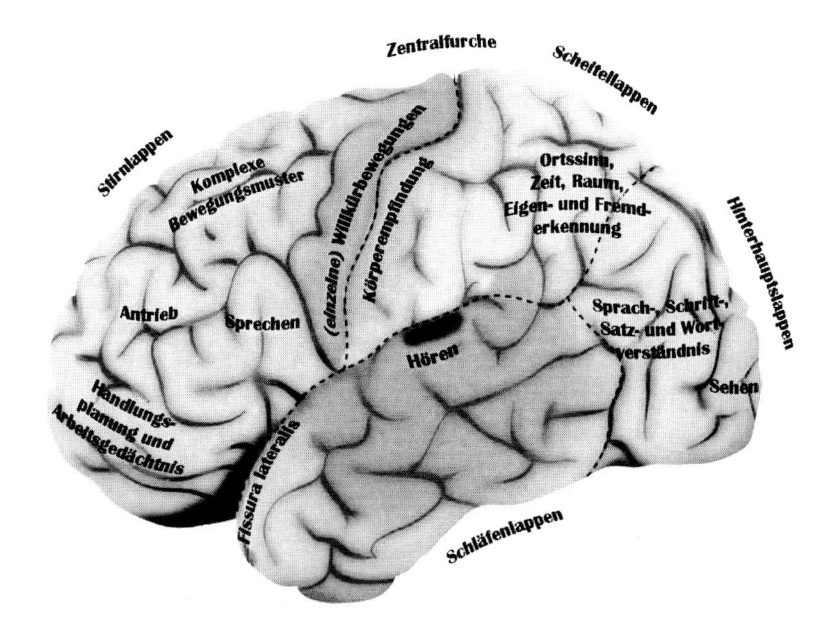

Abbildung 1: Die Oberfläche der Großhirnrinde[30]

Der größte Teil des Cortex wird durch assoziative Gebiete eingenommen, in denen komplexe Informationsverarbeitung einer Sinnesmodalität oder die Integration mehrerer Modalitäten stattfinden, ebenso wie die Aufmerksamkeitssteuerung, visuelle und auditorische Wahrnehmung oder das Sprachverständnis.[31] Hier wird zwischen drei Assoziativkortize unterschieden.

- parietal-temporal-occipitaler Assoziationskortex

  Zuständig für abstrakte mathematisch-geometrische Symbole, Schrift, Körper- und Raumwahrnehmung, Steuerung der Aufmerksamkeit, komplexe visuelle und auditorische Wahrnehmung einschließlich des Sprachverstehens[32]

[30] Lenné Überflieger (2011)

[31] Vgl. Firnkorn (2000), S. 14

[32] Vgl. Ebd. S. 14 f.

- präfrontaler Assoziationskortex

  Zuständig für Handlungssteuerung, -planung und -bewertung, Problemlösung durch logisches Denken, emotionale Verhaltensweisen und ihre Begleitreaktionen, zeitliche und logische Struktur von Sprache (z.B. Grammatik, Syntax)[33]

- limbischer Assoziationskortex

  Teil des limbischen Systems. Zuständig für Gedächtnisleistungen, Wiedererkennen von Gesichtern oder Handschriften[34]

3.1.2 Limbisches System

Die Wissenschaft spricht dem limbischem System, welches sich im Laufe von Milliarden Jahren Evolution entwickelte, eine entscheidende Rolle im Bereich der Emotionen zu. Das limbische System existiert ansatzweise bei Reptilien und in ähnlicher Form auch bei Hunden, Katzen, Affen und Mäusen.[35] Es wird sogar das Zentrum der Emotionen genannt. Diese wiederum steuern unterbewusst unser Verhalten. Durch das limbische System werden Menschen dazu veranlasst, positive Emotionen zu forcieren und negative Emotionen zu vermeiden. Hier entspringen die Gemütszustände und gemütsbedingten Antriebe, wie beispielsweise Angst, Aggression, Ärger, Wut, Trauer etc. Diese haben auch Einfluss auf die autonomen Systeme, wie Herzschlag oder Atmung. Bei Emotionen wie z.B. Wut, verändert sich das Intervall des Herzschlages und der Atmung. Die Wut hat somit direkte Auswirkungen auf dieses Nervensystem. Hierzu gehört auch der Hormonhaushalt. Er ist ausschlaggebend für Motivation und Lernen.[36]

In folgender Auflistung werden die für die weitere Untersuchung relevanten Divisionen des limbischen Systems erläutert:

- der Mandelkern (Amygdala)

  Zuständig für emotionale Bestandteile von Erfahrung, angeeignetem Wissen und Erfahrungen.[37]

- der Hippocampus

  Zentraler Ort des Gedächtnisses, generiert Erinnerungen, Übergabe vom Kurzzeit- ins Langzeitgedächtnis.[38]

---

[33] Vgl. Ebd. S. 14 f.

[34] Vgl. Hick/Hick (2009), S. 376

[35] Vgl. Häusel 2005, S. 17

[36] Vgl. Morschitzky (2009), S. 205

[37] Vgl. Förstl (2004), S. 23

[38] Vgl. Spitzer/Bertram (2008), S. 25

- der Thalamus

  Schaltzentrale der sensiblen Impulse aus der Umwelt, filtert Impulse bevor sie in das Bewusstsein gelangen, Koordinations- und Integrationsfunktion von Reizen.[39]

- der Hypothalamus

  Zuständig für Vitalfunktionen, Nahrungsaufnahme, Schlaf- und Wachrhythmus, Blutdruck, Herzfrequenz, Kreislauf, etc.[40]

- der Gyrus cinguli

  Zuständig für Schmerzempfindlichkeit, Aufmerksamkeit, Steuerung Gesichtsreaktionen und Konzentration.[41]

Der Grundgedanke der Erforschung des limbischen Systems ist der funktionelle Zusammenhang, die Erklärung und Erforschung von Emotionen und deren Einfluss auf menschliches Kommunikationsverhalten. Zudem hat es sich aus verhaltenswissenschaftlicher Betrachtung bewährt das limbische System als Zentrum der emotionalen Informationsverarbeitung aufzufassen.[42] Dabei sind es wohl nicht die stark hervortretenden Emotionen, welche Menschen unbewusst steuern. Dadurch, dass Menschen diese Emotionen klar spüren, bewusst wahrnehmen und einordnen können, ist es möglich diese besser zu kontrollieren und bewusst mit ihnen umzugehen. Anzunehmen ist, dass unser tagtägliches Handeln durch Nuancen bestimmt wird. Gefühle wie z.B. Lust und Unlust, aber auch Sympathie, Unzufrieden- oder Zufriedenheit gehören dazu. Wie ein Autopilot versucht das System den menschlichen Organismus auf Wege zu steuern, die Wohlbehagen und Sicherheit bedeuten. Negative Emotionen fungieren in diesem Zusammenhang als eine Art Wegweiser, der uns wieder auf den richtigen Kurs bringt.[43]

3.1.3 Neuronales Netzwerk

Der Hauptbestandteil des Gehirns sind die Nervenzellen. Man geht davon aus, dass es sich durchschnittlich um 100 Milliarden Nervenzellen handelt.[44] Jede einzelne Zelle ist über Synapsen mit anderen Nervenzellen verbunden. Durch diese Verbindungen bildet sich das sogenannte neuronale Netzwerk.[45] Diese Zellen haben sich auf die Informationsverarbeitung spezialisiert. Durch die Speicherung von Informationen bilden sie das Gedächtnis des

[39] Vgl. Garzorz (2008), S. 56

[40] Vgl. Ebd. (2008), S. 59

[41] Vgl. Gage/Parikh/Marzullo (2009), S. 247

[42] Gröppel-Klein (2004), S. 14

[43] Vgl. Häusel (2005), S. 49 ff.

[44] Vgl. Pöppel (2008), S. 89

[45] Vgl. Edelmann (2000), S. 2

Menschen.[46] Die Nervenzellen entstehen nicht nach und nach, jeder Mensch hat ab dem Zeitpunkt seiner Geburt etwa 100 Milliarden Zellen zur Verfügung.[47] Die Verbindungen der Zellen ergeben sich erst im Laufe eines Lebens. Das Gehirn eines Neugeborenen weist kaum Verbindungen auf, da noch keine Erfahrungen abgespeichert werden konnten.[48] Die Nervenzellen haben die Aufgabe Informationen zu verarbeiten und gegebenenfalls weiterzuleiten. Dies funktioniert über elektrische Impulse oder Signale. Ob der Impuls weitergeleitet oder verarbeitet wird, hängt von dem Schlüsselreiz ab. Wenn eine bestimmte Schwelle nicht überschritten wird, wird das Signal gehemmt.[49] Negative Schlüsselreize sind in diesem Fall stärker einzuschätzen als positive. Bei diesen Reizen ist die Energie, auch Aktionspotential genannt, größer und kann den Schalter umlegen, der den Erregungsvorgang in Gang setzt. Dies ist zu vergleichen mit der Kraft, die man einmalig aufwenden muss, um einen Lichtschalter zu betätigen, damit die Glühbirne mit Strom versorgt wird.[50] Dass negative Reize bzw. Ereignisse einen höheren Stellenwert im Gehirn und in der Informationsverarbeitung einnehmen, ist evolutionär bedingt. Die Wahrnehmung des Menschen hat sich so entwickelt, dass Gefahren und Bedrohung unmittelbar aufgefasst und verstärkt werden.[51] Wiederholen sich bestimmte Stimuli oder Reize, werden die Vernetzungen der bestimmten Nervenzellen enger und können dadurch leichter aktiviert werden.[52] Jedoch erreicht das Gehirn niemals einen Zustand der „Vollkommenheit" - es ist ein sich ständig veränderndes und weiterentwickelndes Organ.[53]

3.1.3.1 Neuroassoziation

Der Begriff Assoziation ist im Marketing hinreichend bekannt. Im neurobiologischen Zusammenhang spricht man von Neuroassoziation. Wie im vorangegangenen Kapitel schon beschrieben, entstehen bei gewissen Reizen und Erfahrungen Verbindungen zwischen den Nervenzellen. Wiederholt sich ein bestimmter Reiz oder eine Situation fortan, verstärkt sich die Vernetzung der Nervenzellen, zusätzlich kommen weitere Zellen dazu. Ein bestimmtes Gefühl oder Verhalten resultiert aus der Verbindung. Je intensiver das Verhalten ist, desto stärker vernetzen sich die Zellen. Das Verhaltensmuster wird verfeinert und abgespeichert, so dass es schnell wieder abgerufen werden kann. Das Gehirn entwickelt eine dauerhafte Lösung oder Reaktion, welche immer mit einer bestimmten Empfindung zusammenhängt.[54] Es konditioniert sich sozusagen selbst.

[46] Vgl. Hanser/Scholtyssek (2000)

[47] Vgl. Bittner/ Schwarz (2010), S. 21

[48] Vgl. Bittner/ Schwarz (2010), S. 22

[49] Vgl. Domning/ Elger/ Rasel (2009), S. 55

[50] Vgl. Bittner/ Schwarz (2010), S. 32

[51] Vgl. Bittner/ Schwarz (2010), S. 31

[52] Vgl. Förstl (2004), S. 398

[53] Vgl. Domning/ Elger/ Rasel (2009), S. 24

[54] Vgl. Gröschke (2005), S. 88

„Wir entwickeln bestimmte Vorstellungen und Meinungen von der Aussenwelt, speichern diese neurologisch ab und packen neue Erlebnisse in diese Schubladen. Das wird der Aussenwelt nicht immer gerecht, speziell in unserer Zeit, in der das einzig Beständige der Wandel ist. Völlig unbeeindruckt von dieser Tatsache nutzen wir weiter die Trampelpfade im Hirn [...]"[55]

Aus einem Trampelpfad wird bei häufiger Wiederholung ein Weg oder im späteren Verlauf eine Straße. Eine Art Verhaltensroute als angemessene Reaktion oder bevorzugtes Verhalten entsteht. Dieser Prozess startet ab dem ersten Atemzug und setzt bei gesunden Menschen nie aus. Dies bedeutet aber auch, dass konditioniertes emotionales Verhalten auch wieder verändert werden kann. Verbindungen, die über einen langen Zeitraum nicht mehr gebraucht worden sind, können abgebaut und durch neue Verbindungen ersetzt werden.[56] Hier ergeben sich Möglichkeiten die Neuroassoziation im Feld Marketing zu nutzen.

3.1.3.2 Spiegelneuronen

Wie der Name schon vermuten lässt, veranlassen die Spiegelneuronen bei der Beobachtung von nachvollziehbaren Handlungen eine innere Stimulation.[57] Bei einem Versuchsaufbau durch die Neurowissenschaftler Gallese, Rizzolatti und Fogassi wurden die Gehirnströme von Affen gemessen. In einer Pause wurde eine starke Aktivität bei einem der Affen festgestellt, als er beobachtete, wie einer der Forscher eine Belohnung (Erdnuss) aus dem Versuchsaufbau entfernte.[58] Beim Affen wurden dieselben Areale des Gehirns aktiviert, als hätte er die Belohnung selbst gegriffen.[59] Durch diesen Versuch hatte man eine weitere Funktion des prämotorischen Kortex entdeckt, welcher die körpereigenen Reaktionen lenkt und das Beobachtete widerspiegelt.[60]

3.1.4 Kognitive Prozesse

Unter dem Begriff „kognitive Prozesse" sind Prozesse wie Lernen, Erinnern, Rechnen und Erkennen zusammengefasst. Diese Prozesse erfordern eine bewusste und dadurch hohe Gehirnleistung. Die kognitiven Prozesse sind unerlässlich für das Leben des Menschen. Sie bewerten Umwelt und Verhalten und helfen dabei Lösungen zu alltäglichen Situationen zu finden.

---

[55] Leyh (1999), S. 42

[56] Vgl. Domning/Elger/Rasel (2009), S. 90 f.

[57] Vgl. Kircher/Gauggel (2007), S. 493

[58] Vgl. Ebd., S. 493

[59] Vgl. Zaboura (2008), S. 59 f.

[60] Vgl. Domning/Elger/Rasel (2009), S. 90 f.

Im Folgenden werden die bekanntesten und für die Untersuchung relevantesten kognitiven Prozesse erläutert. Entscheidend ist, dass sich die Prozesse nicht direkt voneinander abgrenzen lassen, sie interagieren und zeigen sogar Überschneidungen.[61]

3.1.4.1 Aufmerksamkeit

Die Aufmerksamkeit ist einer der wichtigsten kognitiven Prozesse. Ohne Aufmerksamkeit ist eine normale Wahrnehmung, wie wir sie kennen, nicht möglich; es gäbe keine Differenzierung zwischen „wichtig" und „unwichtig". Die riesige Anzahl an Reizen, denen wir Menschen minütlich ausgesetzt sind, würde uns überfordern. An dieser Stelle fungiert die Aufmerksamkeit als ein Informationsfilter. Einige Stimuli werden weitergegeben und verarbeitet, andere wiederum nicht.[62] Dies hängt zum einen damit zusammen, dass unser Gehirn nicht alles verarbeiten kann, zum anderem aber auch mit der Einsparung von Energie im Gehirn.[63] So kann es vorkommen, dass Informationen einfach ignoriert werden, um Ressourcen zu sparen.

Das Bewusstsein ist ein Prozess, welcher der Aufmerksamkeit nachgelagert ist. Informationen, die Aufmerksamkeit bekommen, werden ins Bewusstsein transportiert. Dasselbe gilt für die Erfahrung - es wird keine Erfahrung aufgebaut, wenn die dafür notwendigen Informationen keine Aufmerksamkeit bekommen. Hier kann man bei wiederkehrenden Ereignissen von einer gewissen Abstumpfung sprechen. Neue Situationen und Reize generieren starke Aufmerksamkeit und Erinnerungen.[64] Je häufiger sich ein Reiz wiederholt, desto geringer ist die Intensität der Aufmerksamkeit.[65]

3.1.4.2 Bewusstsein und Unbewusstsein

Bewusstsein und Unbewusstsein - diese beiden Arten von kognitiven Prozessen laufen im menschlichen Gehirn gleichzeitig ab. Der heutige Stand der Neurowissenschaften geht davon aus, dass 90-95% der Gehirnleistung unbewusst und nur 5-10% der Leistung bewusst für den Denkprozess eingesetzt wird.[66] Das bedeutet, dass das Unterbewusstsein den Großteil der Informationen bearbeitet, während bewusst verarbeitete Informationen einen verschwindend geringen Anteil haben, so „können [wir] maximal acht Zahlen gleichzeitig in unserem Bewusstsein verarbeiten. Deshalb haben wir Mühe, uns längere Telefonnummern zu merken."[67] Der Prozess des Merkens benötigt Aufmerksamkeit; die Informationen müssen in das Langzeitgedächtnis übergeben werden. Dies ist aber nicht immer fehlerfrei möglich und zudem anfällig für Störungen. Solche Prozesse werden explizite Prozesse genannt. Sie finden statt, wenn ein Mensch sich mit einem Problem konfrontiert

---

[61] Vgl. Gudjons (2008), S. 219

[62] Vgl. Mulder (2006), S. 115

[63] Vgl. Solso (2004), S. 10

[64] Vgl. Pritzel/Brand/Markowitsch (2009), S. 447 ff.

[65] Vgl. Roth (2001), S. 270-271

[66] Vgl. Zaltman (2003), S. 50

[67] Scheier/Held (2006), S. 48

sieht, für das es noch keine Erfahrungen gibt, auf die er zurückgreifen kann. Es muss ein neues neuronales Netzwerk geformt werden. „Bewusstsein ist für das Gehirn ein Zustand, der tunlichst zu vermeiden und nur im Notfall einzusetzen ist“[68] Diese Erkenntnisse wurden erst in der jungen Vergangenheit erlangt. Man ging lange Zeit davon aus, dass der bewusste Teil des Denkens und der Wahrnehmung die größte Rolle spielen würde. Man ging von vertauschten Rollen aus. Nun ist aber weitestgehend klar, dass die meisten Informationen unterbewusst aufgenommen, in Millisekunden verarbeitet und in Reaktionen umgesetzt werden. Hier tritt häufig ein Schutzmechanismus in Kraft; „Zuerst handeln, dann analysieren“[69]. Die bewussten Prozesse verbrauchen im Gegensatz zu den unterbewussten kognitiven Ressourcen mehr Energie. Daraus ergibt sich ein Vorteil gegenüber den bewussten Prozessen. Es entsteht aber auch eine Schwierigkeit: Einmal verankert, sind erlernte Prozesse nur mit Mühe zu ändern und können zudem kaum sprachlich ausgedrückt werden.[70]

3.1.4.3 Gedächtnis

Viele Jahre ging die Forschung davon aus, das Gedächtnis wäre mit einem Computer zu vergleichen. Dies haben die vorangehenden Kapitel schon hinreichend widerlegt. Die Fähigkeit, sich Dinge zu merken und in Sekundenschnelle abzurufen, haben wir den neuronalen Netzen und den Verbindungen zwischen den Nervenzellen zu verdanken. Gehirne sind nicht nur Datenspeicher wie Festplatten. Neben Ort und Zeit von Ereignissen werden zusätzlich Emotionen, die mit dem Erlebtem einhergingen, gespeichert.[71]

> "In der Tat, wir wären nichts ohne Gedächtnis und Erinnerung; wir wüssten nicht, wer und wo wir sind, welcher Tag heute ist und in welchem Monat und Jahr wir uns befinden, im Laufe unseres Lebens erwerben, würde uns wohl jede Form der Faksimile-Speicherung vor unüberwindliche Probleme der Speicherkapazität stellen. Wäre das Gehirn wie eine herkömmliche Bibliothek, wären unsere Regale bald so voll, wie es in diesen Einrichtungen der Fall ist. Außerdem ergäben sich durch die Faksimile-Speicherung auch beim Wiederauffinden schwierige Probleme. Wir alle können uns unmittelbar davon überzeugen, dass wir, wenn wir uns einen bestimmten Gegenstand, ein Gesicht oder ein Ereignis ins Gedächtnis rufen, nicht eine exakte Reproduktion, sondern eine Interpretation, eine Rekonstruktion des Originals erhalten“[72]

[68] Roth (2001), S. 231

[69] Oehler/Bernius/Wellmann (2009), S. 47

[70] Vgl. Roth (2001), S. 229

[71] Vgl. Gudjons (2008), S. 218

[72] Storch (2005), S. 282 f.

Es wird zwischen vier verschiedenen Gedächtnissen unterschieden:[73]

- Ultrakurzzeitgedächtnis

  Filterung von Informationen über Aufmerksamkeit und Bewusstsein, Übergabe von Informationen in das Kurzzeitgedächtnis.

- Kurzzeitgedächtnis

  Geringe Kapazität für Informationsspeicherung, zeitliche Begrenzung 40 – 60 Sekunden, Übergabe ins Arbeitsgedächtnis.

- Arbeitsgedächtnis

  Verarbeitung und Zusammenfassung von Informationen, Übergabe an das Langzeitgedächtnis.

- Langzeitgedächtnis

  Speicherung der Erinnerungen, unbegrenzte in fünf Bereiche unterteilte Speicherkapazität.[74]

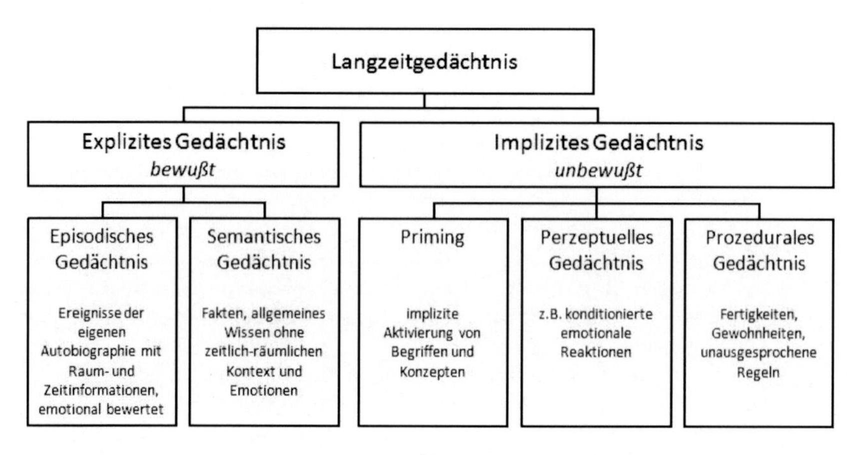

Abbildung 2: Das Gedächtnissystem des Menschen[75]

[73] Vgl. Kircher/Gauggel (2007), S. 274

[74] Vgl. Brand/Markowitsch (2006), S. 62

[75] Woolfolk/Schönpflug (2008), S. 320

Das Langzeitgedächtnis wird zuerst in zwei Teile gesplittet. Das explizite Gedächtnis speichert bewusstes und bearbeitbares Wissen. Hierzu gehören folgende Teilgebiete:

- Episodisches Gedächtnis

  Situations-, Raum- und Zeitbezug, Bewertung ist emotional

- Semantisches Gedächtnis

  Allgemeines Wissen, Tatsachen, Hypothesen, Konzeptionen

Der zweite Teil nennt sich implizites Gedächtnis. Hier wird unbewusstes Wissen gespeichert, das unser Denken und Handeln beeinflusst. Hierzu gehören folgende Teilgebiete:

- Priming

  Aktivierung von unterbewusst gespeicherten Botschaften, z.B. Melodien

- Perzeptuelles Gedächtnis

  Wiedererkennung von Individuen, Gegenständen

- Prozedurales Gedächtnis

  Speicherung von Routinehandlungen, z.B. Autofahren[76]

3.1.4.4 Bewerten

Zunächst werden Informationen, die durch die Sinnesorgane aufgenommen und über elektro-chemische Signale an das Gehirn geleitet werden, wertneutral gespeichert. Eine konkrete Bewertung der Informationen findet parallel statt. Für die Bewertung ist das limbische System zuständig.[77] Es bewertet die Bedingungen unter denen die Informationen aufgetreten sind und sorgt für eine Verknüpfung der Emotion und Information und die gemeinsame Speicherung.[78] Die Bewertung der Information hängt nun von den Emotionen ab, die mit ihnen verknüpft sind. Es werden sowohl negative, als auch positive Erfahrungen in die Bewertung einbezogen. Der gesamte Kontext wird mit schon einmal durchlebten Erfahrungen verglichen. So können Zusammenhänge schneller eingeordnet, erkannt und bewertet werden. Die Bewertung von Situationen ist ein großer Baustein unseres angeborenen Selbstschutzes und den dazugehörigen Schutzmechanismen. Diese treten in den Vordergrund, falls etwas als bedrohlich bewertet wird. Die Situationen werden abgespeichert und können sehr schnell wieder abgerufen werden, da sie in einem negativen Zusammenhang verbunden sind.[79] Das lässt den Selbstschutz noch effektiver werden.

---

[76] Vgl. Woolfolk/Schönpflug (2008), S. 320 ff.

[77] Vgl. Gudjons (2008), S. 220 f.

[78] Vgl. Ebd., S. 219

[79] Vgl. Bittner/ Schwarz (2010), S. 31

3.1.4.5 Lernen

Wie schon im Kapitel 3.1.3 beschrieben, wird Lernen als eine Veränderung des neuronalen Netzwerkes gesehen. Lernen ist der Ausbau und die Strukturierung des neuronalen Netzwerkes im Gehirn.[80] Dabei wird der Lernprozess von den vorgestellten Neuroassoziationen unterstützt. Die Wiederholung von Reizen stärkt die damit gekoppelten Verbindungen der Nervenzellen. Das Gehirn lernt immer - Lernen läuft zu allen anderen Aktivitäten des Gehirns parallel, immer dann wenn Informationen verarbeitet werden.[81] Nichtsdestotrotz findet eine Bewertung und Filterung der Informationen statt. Nur die Informationen, denen vom limbischen System ein emotionaler Wert zugeordnet wird, gelangen in das Langzeitgedächtnis. Das Lernen ist somit effektiver, wenn Emotionen damit verbunden werden; das Gehirn wird sich diese Ereignisse oder Informationen besser merken können. Sie werden nicht von dem limbischen System *aussortiert*.[82]

3.1.4.6 Emotionen

Die moderne Hirnforschung geht nicht mehr von zwei strikt getrennten Hirnhälften aus. Das sogenannte Hemisphärenmodell gilt als weitestgehend überholt. Der heutige Stand der Hirnforschung spricht von einer hohen Verbundenheit der beiden Gehirnhälften. Zusätzlich gilt der Ansatz, dass alle Entscheidungen durch Emotionen beeinflusst werden. Menschen sind nicht in der Lage sogenannte rationale Entscheidungen zu treffen.[83] Des Weiteren werden Erinnerungen und Erfahrungen mit den dazugehörigen Emotionen abgespeichert. Man kann sie sich als „emotionale Marker" vorstellen.[84] In jeder Sekunde nimmt ein Mensch unzählige Informationen auf, bewertet sie, leitet sie weiter und ordnet mit Hilfe des limbischen Systems jeder verarbeiteten Information ein Gefühl zu. Es werden Emotionen freigesetzt, gespeichert und mit Ereignissen verbunden. So kann das Gehirn eine bessere und strukturiertere Speicherung vornehmen,[85] Begleitumstände speichern und Reaktionen die richtige Emotionalität zuweisen.[86] Reaktionen und Entscheidungen sind durch den Selbstschutz motiviert, Gefahren zu vermeiden und ein Gefühl von Glück zu erreichen.[87] Hier spricht die Forschung vom Angst- und Belohnungssystem, auf welches in einem folgenden Kapitel eingegangen wird.

---

[80] Vgl. Gudjons (2008), S. 220 f.

[81] Vgl. OECD (2004), S. 4

[82] Vgl. Gudjons (2008), S. 220 f.

[83] Vgl. Scheier/Held (2006), S. 26

[84] Vgl. Bittner/Schwarz (2010), S. 28

[85] Vgl. Morschitzky (2009), S. 205

[86] Vgl. Gudjons (2008), S. 218

[87] Vgl. Aamodt/Wang (2008), S. 142

3.2 Emotions- und Motivsysteme

Wie in den vorangehenden Kapiteln beschrieben, werden Informationen, die vom Gehirn aufgenommen und gespeichert werden, mit einem emotionalen Aspekt oder einer Notiz versehen. Diese Ereignisse und Erinnerungen bilden die Motive, welche zu bestimmten Verhaltensweisen und Handlungen führen. Gleichermaßen geht man von Motiven aus, die unterbewusst Einfluss auf unser Verhalten nehmen. Hans-Georg Häusel, einer der führenden Neuromarketing-Experten, hat ein Modell auf der Basis des Psychologen N. Bischof entwickelt, das in der Praxis Anwendung findet. Die Weiterentwicklung des Motivationsmodells von Bischof ist die „Limbic Map".[88] In der folgenden Tabelle werden die beiden Modelle in sehr vereinfachter Form gegenübergestellt.

Motiv	Sicherheit	Erregung	Autonomie
strebt nach	Vertrautheit Anschluss Geborgenheit	Neuem Stimulation Veränderung	Macht Geltung Leistung
weitere Aspekte	Fürsorge	Spieltrieb	Selbstwert
Begriff in der Hirnforschung	Angstsystem Paniksystem	Suchsystem ("seeking")	Wutsystem ("rage")
Begriff bei Häusel	Balance	Stimulanz	Dominanz

Abbildung 3: Eigene Abbildung der Motivsysteme[89]

3.2.1 Grundmotive

Bischof spricht von drei Motivsystemen. In die Entwicklung dieser Systeme sind Erkenntnisse der Verhaltensforschung, der Motivationspsychologie und der Evolutionslehre eingeflossen. Sie decken sich mit der allgemeinen Hirnforschung.

- Sicherheitssystem

  Streben nach Bindung, Stabilität, Bestätigung und Geborgenheit

- Erregungssystem

  Streben nach Aktivität, Reizen, Unabhängigkeit und Kreativität

- Autonomiesystem

  Streben nach Kontrolle, Macht und Durchsetzungsvermögen[90]

---

[88] Vgl. Häusel (2007), S. 27 ff.

[89] Vgl. Scheier/Held (2006), S 101

[90] Vgl. Scheier/Held (2006), S. 99

3.2.2 Motiv- und Emotionssystem

Wie anfangs erwähnt, hat Hans-Georg Häusel das Motivsystem von Bischof aufgegriffen, um es für das Marketing anwendungsorientierter zu gestalten. Durch eigens gesammelte Erkenntnisse entwickelte Häusel das System weiter zur Limbic Map. Das neue Emotionssystem beruht weiterhin auf drei Grundmotiven: Dominanz, Stimulanz und Balance. Im Zentrum stehen bei Häusel Grundbedürfnisse wie z. B. Schlafen, Essen, Trinken und Sexualität. Dieses Motivsystem beschäftigt sich mit evolutionären Bedürfnissen und deren Erfüllung.[91] Zusätzlich bilden Mischmotive, die sich aus Balance, Stimulanz und Dominanz zusammensetzen, den Löwenanteil der Forschung. „Limbische Instruktionen"[92] beeinflussen die menschlichen Entscheidungen und bilden Werte.[93]

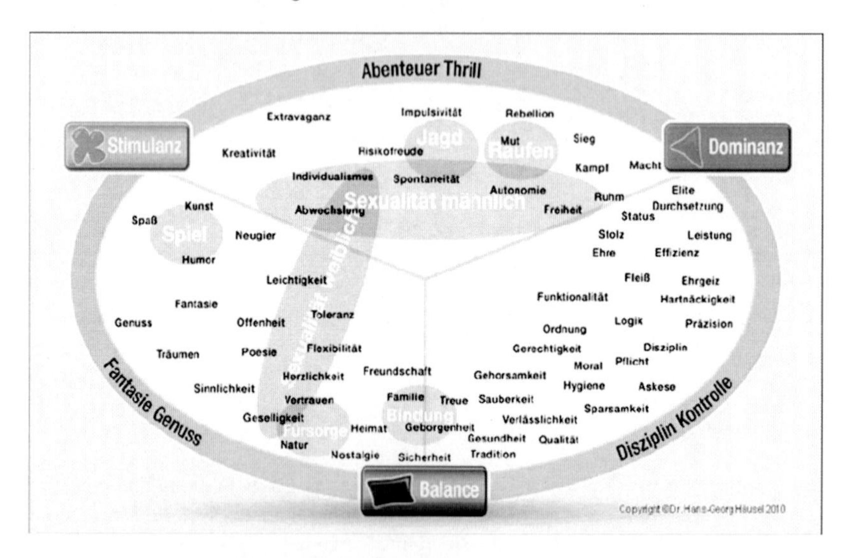

Abbildung 4: Limbic Map und die Werte des Menschen[94]

Häusel geht davon aus, dass die limbischen Instruktionen das tägliche Leben beeinflussen. Die vier wesentlichen Ebenen sind das menschliche Zusammenleben, die kognitive Ebene, die physisch-körperliche Ebene und der Glaube. Im Kontext der Untersuchung ist vor allem die kognitive Ebene wie auch die physisch-körperliche Ebene interessant. Im Folgenden werden die einzelnen limbischen Instruktionen erläutert.

Wenn man im Zusammenhang mit Häusel von **Balance** spricht, ist das Streben der Menschen nach Ruhe und Sicherheit gemeint. Die Aufgabe der Balanceinstruktion ist es Unsi-

---

[91] Vgl. Häusel (2007), S. 23

[92] Häusel(2008), S. 93

[93] Vgl. Häusel (2007), S. 24

[94] Häusel (2010)

cherheiten, Gefahren und gegebenenfalls Veränderungen vom Körper fern zu halten. Auf der ständigen Suche nach Harmonie wird der Menschen mit Erklärungen zur Umwelt versorgt.[95] Hierbei ist es nicht ausschlaggebend für das Gehirn, ob diese Informationen wirklich handfest sind. Das Augenmerk liegt auf der Balance und der Stimmigkeit der Informationen für das Gehirn. Gründe dafür sind Selbstschutz und die effiziente Nutzung von Energie.[96]

Die **Dominanzinstruktion** fordert von den Menschen Durchsetzungskraft, Aktivität und Macht. Hierbei wird die eigene Leistungsfähigkeit mit den Mitmenschen verglichen. Die im limbischen System verankerte Dominanz führt einen Konkurrenzkampf um Rohstoffe und Sexualpartner. Ohne die Dominanzinstruktion würde höchst wahrscheinlich der technische Fortschritt langsamer vorangehen als dies heutzutage der Fall ist.[97] Für die Dominanz ist zu einem großen Teil das Hormon Testosteron zuständig.[98] Dieses Hormon ist bei Männern stärker vertreten als bei Frauen.

Die **Stimulanzinstruktion** gibt dem Menschen im Gegensatz zur Balance das Verlangen nach Abwechslung und Innovation. Häusel spricht in diesem Fall von einem Genuss- und Lustcharakter. Hierzu gehören die Lust nach gutem Essen oder auch das Erlebnis bei der Rezeption eines Thrillers. Die Stimulanzinstruktion spielt bei Drogenkonsum eine sehr große Rolle.[99]

Diese drei Instruktionen sind jedoch nie allein zu finden; es wird für die Eigenschaften von Menschen eine Kombination aus den Instruktionen gebildet. Wie man in der Abbildung 4 erkennen kann, siedeln sich einzelne Eigenschaften zwischen den großen drei Instruktionen an. Mischungen zwischen Instruktionen ergeben Eigenschaften. So zum Beispiel die Spontanität, bei der zu gleichen Teilen Dominanz und Stimulanz auf einander treffen. Die Stimulanz steht in diesem Fall für die Lust etwas Neues zu erleben, die Dominanz sorgt für die Kontrolle. Die Balance hat in diesem Fall keinen Einfluss auf die Eigenschaft.[100]

3.2.3 Angst- und Belohnungssystem

Zusätzlich zu den Motiv- und Emotionssystemen, spielen zwei weitere Systeme für das menschliche Verhalten eine große Rolle. Das Belohnungssystem lässt den Menschen nach einem positiven Emotionszustand streben. Es belohnt Handlungen des Menschen mit guten Gefühlen. Solange das Belohnungssystem aktiv bleibt, geht es dem Menschen gut und er fühlt sich glücklich. Fehlt dieses Gefühl wird der Mensch dazu veranlasst so zu handeln, dass eine erneute Aktivierung des Belohnungssystems gelingt. Das System motiviert die

[95] Vgl. Häusel (2007), S. 27 f.

[96] Vgl. Häusel 2008a, S. 33 ff.

[97] Vgl. Häusel (2005), S. 70

[98] Vgl. Häusel (2008), S. 247

[99] Vgl. Häusel (2008), S. 37 ff.

[100] Vgl. Häusel (2007), S. 30 f.

Menschen zum Handeln mit dem Ziel sich wohl zu fühlen.[101] Das Belohnungssystem kann Lern- und Gedächtnisvorgänge steigern und beeinflusst die Entscheidungsfindung. Das Angstsystem ist unerlässlich für den Selbstschutz des Menschen, durch dieses System lernt der Mensch Gefahren zu erkennen und sie zu meiden. Es findet eine innere Priorisierung statt, wenn dieses System aktiviert wird. Es überstimmt das Belohnungssystem, da es für das Überleben wichtiger ist. Wohlbefinden steht in diesem Fall hinter Überleben zurück. Dabei läuft die Bewertung des Angstsystems unterbewusst ab. Andernfalls würde die Entscheidung bei einer bewussten Analyse zu lange dauern. Die Gefahr könnte nicht mehr abgewendet werden. Die beständige Faustregel lautet: Gefahren aus dem Weg gehen und Wohlbefinden suchen.[102]

3.3 Technische Grundlagen

In den letzten Kapiteln wurde bereits deutlich gemacht, dass der Fortschritt im Bereich Neuromarketing mit der Erforschung des menschlichen Gehirns einhergeht. Es stehen heutzutage einige Untersuchungsmethoden für Neurowissenschaftler zur Verfügung. Leider können nicht alle Methoden für die weitere Vertiefung des Gebietes des Neuromarketings genutzt werden.[103] Die computergestützten Verfahren nehmen eine Vorreiterstellung in der Erforschung der Neurokommunikation ein. Es sind visuelle, bildgebende Verfahren, die es möglich machen Gehirne und Reaktionen der einzelnen Teilgebiete zu rekonstruieren.[104]

Folgend wird auf die für die Neurokommunikation wichtigsten Methoden eingegangen.

- Magnetenzephalographie (MEG)
- Funktionelle Magnetresonanztomographie (fMRT)
- Positronenemissionstomographie (PET)

3.3.1 Magnetenzephalographie (MEG)

Die Magnetenzephalographie (MEG) basiert auf der Forschung des dänischen Physikers Hans-Christian Oerstedt aus dem Jahre 1820. Oerstaedt entdeckte die Eigenschaft elektrischer Ströme ein Magnetfeld zu erzeugen.[105] Diese Eigenschaft macht sich das MEG zu nutze. Durch hochempfindliche Sensoren werden die Magnetfelder der aktiven Nervenzellen gemessen. Diese nichtinvasive Messtechnik stellt eine ausgezeichnete Auflösung innerhalb von Millisekunden zu Verfügung.[106] Das MEG System wird inzwischen von der

---

[101] Vgl. Elger (2008), S. 159

[102] Vgl. Scheier/Held (2006), S. 26 f.

[103] Vgl. Häusel (2007a), S. 210 ff.

[104] Vgl. Ebd. (2008), S. 211

[105] Vgl. Förstl (2004), S. 106

[106] Vgl. Walter (2004), S. 151

funktionellen Magnetresonanztomographie (fMRT) weitestgehend abgelöst, denn es eignet sich nur mäßig zur Bestimmung von Nervenzellengruppen.[107] Es verliert zusehends im Forschungsbereich der Neurokommunikation an Gewicht.[108]

3.3.2 Funktionelle Magnetresonanztomographie (fMRT)

Die funktionelle Magnetresonanztomographie (fMRT) beruht auf dem Versuchsaufbau der anfangs erwähnten Magnetenzephalographie. Die Messtechnik nutzt die magnetischen Eigenschaften der Nervenzellen und bildet den funktionellen Stoffwechsel ab.[109] Sie gehört zu den nichtinvasiven Techniken. Der Probant liegt in einem starken Magnetfeld. Durch den Einsatz einer bestimmten Frequenz kann das Gewebe visualisiert und der Blutfluss im Gehirn gemessen werden. Die Voraussetzung dafür sind die unterschiedlichen magnetischen Charaktere von sauerstoffreichem und sauerstoffarmem Blut.[110] Sauerstoffarmes Blut verhält sich neutral zum Magnetfeld im Gegensatz zu sauerstoffreichem Blut. Wenn Nervenzellen aktiviert werden, benötigen sie Sauerstoff. Dieser Sauerstoffabfall im Blut wird durch die funktionelle Magnetresonanztomographie registriert. Die Abweichung nennt man **blood oxygen level dependent** oder kurz den **BOLD-Kontrast**.[111] Durch den Einsatz von Computeranimation kann ein zweidimensionales Bild die Ergebnisse der Messungen darstellen. Die Funktionsweise und der Aufbau können mit einem Kernspintomographen verglichen werden. Da nicht die Zellaktivität sondern der Blutfluss gemessen wird, hat das System eine Verzögerung von Stimuli bis zur Reaktion von bis zu 8 Sekunden zu verzeichnen. Somit stellt das System nur eine geringe zeitliche Auflösung zur Verfügung. [112]

3.3.3 Positronen-Emissions-Tomographie (PET)

Bei der Positronen-Emissions-Tomographie (PET) handelt es sich um ein nuklearmedizinisches Verfahren. Um die Körperfunktionen und den Blutfluss im Gehirn abzubilden, wird dem Probanten ein Isotop verabreicht. Ein Isotop ist ein Stoff, der auf radioaktive Strahlen reagiert. Durch den markierten Stoff können, ähnlich wie beim fMRT, die Unterschiede zwischen sauerstoffreichem und sauerstoffarmem Blut gemessen werden.[113] Mit einer speziellen PET-Kamera werden die aktiven Regionen im Gehirn sichtbar gemacht. [114] Der größte Nachteil der PET Methode ist die Strahlenbelastung der Probanten. Durch den invasiven Eingriff muss der radioaktive Markierungsstoff erst wieder ausgeschieden wer-

---

[107] Vgl. Edelmann/Tononi/Kuhlmann-Krieg (2002), S. 76

[108] Vgl. Häusel (2007a), S. 211

[109] Vgl. Wallesch/Lins/Herrmann (1997), S. 259

[110] Vgl. Häusel (2007a), S. 212

[111] Vgl. Wallesch/Lins/Herrmann (1997), S. 260

[112] Vgl. Rickheit/Herrmann/Deutsch (2003), S. 181 f.

[113] Vgl. Häusel (2007a), S. 213

[114] Vgl. Kaiser (2007), S. 177 ff.

den. Eine häufige Wiederholung ist durch die Strahlendosis und die Halbwertzeit des Stoffes nicht empfehlenswert und kann schädlich für den Körper sein.[115]

3.4 Methoden des Neuromarketing

3.4.1 Selektive Negativwahrnehmung

Wie schon in den vorherigen Kapiteln beschrieben, ist der Mensch darauf aus negative Situationen zu vermeiden. Dabei hilft eine Art Filter durch den negative Ausdrücke verstärkt wahrgenommen werden. Die Aufmerksamkeit des Menschen wird auf den Sender der negativen Nachricht gerichtet. In diesem Fall werden positive von negativen Nachrichten überstimmt. Dafür verantwortlich ist das menschliche Gehirn. Beim Eintreffen einer negativen Nachricht werden direkt Stresshormone ausgeschüttet. Der Mensch reagiert mit Aufgeregtheit und Beunruhigung. Dieses Prinzip wird „90:10 Prinzip der Wahrnehmung" genannt. Wenn beispielsweise in einem Beratungsgespräch zu 90 Prozent Vorteile und zu 10 Prozent Nachteile aufgezeigt werden, gelangen die negativen Argumente verstärkt in das Langzeitgedächtnis. Im Endeffekt kann sich der Kunde später besser an die Nachteile als an die Vorteile erinnern.[116] Mit diesem Wissen kann ein negativer Eindruck eines Produktes oder einer Marke verhindert werden. Es ist wichtig bei der Ansprache an die potentiellen Kunden eine positive Ansprache zu wählen. Mit einer positiven Ansprache kann das Belohnungssystem aktiviert werden. Falls es zu negativen Signalen kommt, wird der Kunde kaum positive Eindrücke im Gedächtnis speichern.

3.4.2 Neuro-Google-Prinzip

Das Neuro-Google-Prinzip baut auf der im Gehirn stattfindenden Assoziation von bekannten Begriffen auf. Die Namensgebung hat dieses Prinzip der Vernetzung der Nervenzellen zu verdanken. Das Internet und damit die über 1,4 Milliarden vernetzten Computer weltweit werden mit dem neuronalen Netzwerk des Gehirns verglichen. Zwar hat ein Mensch ca. 100 Milliarden Nervenzellen und jede Nervenzelle ist mit ca. 15.000 weiteren verknüpft, doch das Prinzip ist ähnlich. Genau wie die Internetsuchmaschine Google speichert das Gehirn durch seine verknüpften Nervenzellen Keywords und ebenso wie Google fortlaufend Informationen und Assoziationen zu diesen. Der Abruf geschieht innerhalb von Sekunden, wobei alle gesammelten Informationen bis hin zur frühesten Kindheit bereit stehen. Man geht davon aus, dass es für jeden Sinn eine „neuronale Suchmaschine"[117] gibt. Das Gehirn ist nicht untätig. Wochen oder Tage nach dem letzten „Abruf" können weitere Informationen und Assoziationen abgespeichert worden sein. Es lernt durch jeden Konflikt und Meinungsaustausch. Bei Google steigt die Anzahl der gefundenen Internetseiten -

[115] Vgl. Wallesch/Lins/Herrmann (1997), S. 262

[116] Vgl. Bittner/ Schwarz (2010), S. 31

[117] Bittner/ Schwarz (2010), S. 33

das Gehirn aktiviert weitere Verknüpfungen der Zellen.[118] Aufgrund der guten Verknüpfung und des zuvor angesprochenen Gespürs für negative Ausdrücke, sollte man in der Markenkommunikation auf positive und emotionale Sprache wert legen. Dies ist gerade im Kundendienst ein sehr wichtiger Aspekt.

3.4.3 Storytelling

> „Storyteller wecken Sehnsüchte und erfüllen Träume. Sie bauen dabei auf ihren gesunden Menschendverstand und damit auf ihre Erfahrung. Zudem nehmen sie alles, was ihnen dabei hilft, dankbar an."[119]

Das Storytelling ist auf das limbische System ausgerichtet, da sich dort die Aufmerksamkeit bildet und Erinnerungen mit Emotionen versehen werden. Besonders gut können Geschichten vom Gehirn verarbeitet werden. Beispielsweise kann ein alleinstehender Slogan nur schwer assoziiert oder gespeichert werden. Geschichten füttern das Gehirn im Gegensatz dazu mit gut zu verarbeitenden Informationen. Das Gehirn kann besser damit umgehen, da es nicht einfach nur Kopien der Umwelt speichern muss. Es bedient sich der Strukturen und Zusammenhänge. Diese Aspekte kommen dem Aufbau des Gehirns entgegen.

> „Das Zauberwort heißt „Muster". Wir Menschen sind Erfolgsmodelle der Evolution, weil wir über ein Gedächtnis verfügen, das Musterfolgen speichert, Muster autoassoziativ abruft, Muster als unveränderbare Repräsentationen speichert und Muster hierarchisch ordnet."[120]

Die Speicherung geschieht in einem Teil des Gedächtnisses in dem auch autobiografische Erfahrungen gespeichert werden.[121] Durch das Storytelling können keine großen Informationsmengen übermittelt werden. Jedoch wird es einfacher ein Unternehmensbild zu vermitteln. Die erzählten Geschichten sorgen für Erregung. Dadurch wird das Belohnungssystem des Menschen angesprochen. Dem Kunden kann leicht vermittelt werden, welchen Standpunkt das Unternehmen einnimmt.

3.4.4 Kommunikation mit Bildern

Ein großer Teil des Storytelling baut auf der Kommunikation mit und durch Bilder auf. Schon die Urmenschen gaben ihr Wissen mit Hilfe von Höhlenmalerei an die nächste Generation weiter. Diese Bilder und Symbole sind über zu 30.000 Jahre alt. Da der Mensch 80% der Umwelt mit den Augen einfängt, ist das Gehirn sensibel für visuelle Reize. Die Entschlüsselung eines Bildes kann innerhalb von Millisekunden erfolgen, Schrift hingegen erfordert mehr Konzentration und bedeutet einen höheren Energieverbrauch. Sprache ist

---

[118] Vgl. Bittner/Schwarz (2010), S. 25

[119] Fuchs (2009), S. 263

[120] Häusel (2007a), S. 129

[121] Vgl. Brand/Markowitsch (2006), S. 62

mit kodierten Bildern vergleichbar. Sie muss erst im Gehirn des Menschen zu einem Symbol zusammengesetzt werden. Zudem können Bilder direkt das limbische System ansprechen und direkte emotionale Reaktionen hervorrufen.[122] Menschen ist es möglich unter Zuhilfenahme von Bildern einen schnelleren Lernerfolg zu erzielen. Das Gehirn kann deutlich besser Bilder als Texte speichern.[123] Der Wirkungsgrad von Bildern kann für die Marketingstrategie sehr wichtig sein. Man soll Kommunikation so betreiben, dass sich ein „Bild" vom Unternehmen abzeichnet.

3.4.5 Pilot - Autopilot

Im Zusammenhang mit dem Autopiloten sollte der Bezug zu dem schon in Kapitel 3.1.4.2 behandelten expliziten Bewusstsein erwähnt werden. Dieses Bewusstsein wird vom Menschen als Pilot benutzt. Es werden Entscheidungen abgewogen und festgelegt, Situationen auf Logik untersucht oder ganz alltäglich verschiedene Preise verglichen. Im Gegensatz dazu steht das implizite Bewusstsein, der Autopilot. Die menschlichen Reaktionen auf unterschiedliche Situationen sind durch die jeweiligen Erfahrungen gekennzeichnet. Man spricht nun nicht mehr von einem reflektierten Verhalten wie es beim Piloten der Fall ist. Es handelt sich mehr um unbewusstes Verhalten. Die zumeist spontane Reaktion speist sich aus Lernvorgängen, Emotionen, Faustregeln, Stereotypen, Automatismen, Markenassoziation, unbewussten Markenimage und intuitiven Entscheidungen.[124] Dem Autopiloten werden bis zu 70% der Kaufentscheidungen am Point of Sale zugesprochen. Dies ist besonders der Fall bei Produkten oder Marken, die sich stark ähneln oder bei Entscheidungen, die zu komplex für eine bewusste Entscheidung sind.[125]

3.4.6 Brand Code Management

Das Brand Code Management beschreibt die systematische Steuerung der impliziten Markenbedeutung als Teil der Kommunikationsstrategie. Über die sogenannten Brand Codes oder auch Markensignale sollen die Grundmotive des Kunden angesprochen werden. Dabei wird ein Markennetzwerk aufgebaut, um die Dynamik der Marke zu unterstützen. Der Autopilot spielt hierbei eine große Rolle, denn nur beim Anblick starker Marken wird das Belohnungssystem aktiviert und der Kunde möchte dieses Produkt unbedingt kaufen. Das Brand Code Management hilft nicht nur dabei die Marke zu positionieren, sondern sie auch permanent zu führen. Hierbei sind die Codes eine Art Signal zur Aktivierung der Motive beim Kunden. Zu unterscheiden sind vier verschiedene Codes, die zusammengefasst das Netzwerk ergeben.[126]

---

[122] Vgl. Scheier/Held (2006), S. 74

[123] Vgl. ebd. (2006), S. 74

[124] Vgl. Häusel (2007a), S. 95

[125] Vgl. ebd. (2008), S. 95

[126] Vgl. Häusel (2007a), S. 109 ff.

- Sensorischer Code

  Kolorierung , Formen, Klänge und Haptik

- Episodischer Code

  Erzählte Geschichten und Zusammenhänge

- Symbolischer Code

  Logos, Testimonials und situative Umgebung

- Sprachlicher Code

  Sprache in Wort und Schrift

Wichtig ist, dass die angestrebte mit der implementierten Positionierung übereinstimmt, sonst wäre die Markenführung ineffizient. Eine effektive Methode, um die implizierte Wirkung der Marke zu testen, ist die Reaktionszeit. Bei einem Reaktionszeit-Test handelt es sich um ein Verfahren, das die Reaktionszeit zwischen den implizierten Codes und der Assoziation mit der Marke misst. Je schneller die Reaktionszeit ist, desto wahrscheinlicher ist es, dass der Pilot übergangen und die Entscheidung intuitiv getroffen worden ist. Das Brand Code Management kann einen großen Einfluss auf die Markenstrategie nehmen.[127]

> „Es ermöglicht, die Markenkommunikation ganz gezielt – zum Beispiel je nach Zielgruppe, Verfassung oder Kanal – zu steuern. Mit dem Brand Code Management steht damit ein zugleich innovativer wie valider Ansatz für die Marketingpraxis zur Verfügung."[128]

3.4.7 Emotionalisierung

Noch vor einigen Jahren ist man davon ausgegangen, dass man Menschen nur mit logischen und rationellen Informationen versorgen muss, um einen Kaufwunsch oder einen positiven Bezug zur Marke zu erreichen. Marketing und Markenkommunikation sollte sich nicht nur an dem sozialen Status oder Einkommen der Zielgruppen orientieren, sondern auch an deren emotionaler Positionierung. „Wer nicht fühlt, kann auch nicht vernünftig entscheiden oder handeln."[129], denn das menschliche Gehirn verbindet alle zu speichernden Informationen mit Emotionen. Hierdurch wird die Priorität und Bedeutung der Informationen für den Menschen festgelegt. Ohne diese emotionale Tönung werden Informationen schnell wieder vergessen oder gelangen nicht in das Langzeitgedächtnis. Durch eine emotionale Tonalität kann man das limbische System ansprechen und erhält dadurch eine höhere Bedeutung in der Informationsverarbeitung. Zu vermeiden sind negative Ansprachen. Beispielsweise Wörter wie Risiko oder Problem. Durch diese Wörter wird die Selek-

---

[127] Vgl. Häusel (2007a), S. 109 ff.

[128] Häusel (2007a), S. 123

[129] Vgl. Roth (2006), S. 77

tive Negativwahrnehmung aktiviert und der Mensch richtet sich darauf aus, dass Gefahr drohen könnte.[130]

3.4.8 Aufmerksamkeit

Menschen reagieren auf Reize mit Aufmerksamkeit. Die Intensität der Aufmerksamkeit richtet sich nach der Bekanntheit der Reize. Das bedeutet, dass ein häufig auftretender Reiz weniger Aufmerksamkeit aktiviert als ein seltener bis unbekannter Stimulus.[131] Diese Aufmerksamkeit kann im Bereich der Markenbildung genutzt werde. Es gilt Aufmerksamkeit für die eigene Marke zu generieren um diese im Gedächtnis des Kunden zu festigen.

Man bedient sich an dem „Shock Novel Reiz"[132]. Um dieses Phänomen auszulösen, platziert man die relevanten zu kommunizierenden Informationen in einem bestimmten Turnus. Durch einen direkt folgenden Reiz geraten die Informationen nicht in den Hintergrund. Ungefähr fünf Sekunden nach der Verarbeitung des starken Stimulus ist die Aufmerksamkeit so geschärft, dass die wichtigen Informationen die volle Aufmerksamkeit bekommen. Wenn sie zu diesem Zeitpunkt wiederholt werden, erreicht man einen hohen Wiedererkennungswert und zugleich einen Lernerfolg.[133]

3.4.9 Motivation

Wie schon im Kapitel 3.2.2 ausgeführt, entsteht Motivation aus drei Grundmotiven. Das Motiv Stimulanz veranlasst Menschen dazu, nach Abwechslung und neuen Reizen zu suchen. Durch die Kommunikation des Produktes selbst oder durch die angebotenen Dienstleistungen kann einer Marke das Image "Abenteuer" zugesprochen werden. Abenteuerurlaub oder Sportwagen sprechen dieses Grundmotiv an. Eine andere Motivation ist die Balance, diese kann vor allem in der Markenbildung sehr wichtig sein. Bei dieser Art von Motivation wird das Bedürfnis nach Sicherheit und Obhut angesprochen. Unternehmen kommunizieren Beständigkeit und Prinzipientreue, sprechen das Bedürfnis nach Sicherheit und Beständigkeit an und positionieren das Unternehmen gleichzeitig. Die Dominanz hingehen wird angesprochen, wenn ein Unternehmen durch den Bezug zu einer Marke oder zu einem Produkt eine Vormachtstellung in der Gesellschaft erringt. Dieses Motiv strebt nach Ungebundenheit und Autorität.[134]

---

[130] Vgl. Bittner/ Schwarz (2010), S. 31

[131] Vgl. Roth (2001), S. 270 ff.

[132] Domning/Elger/Rasel (2009), S. 37

[133] Vgl. ebd. S. 56

[134] Vgl. Scheier/Held (2006), S. 99

4. Strommarkt in Deutschland

Seit der Liberalisierung des deutschen Strommarktes hat dieser einen rasanten Wandel erlebt. Vom Jahre 1998 bis heute haben die stetigen Veränderungen die Emanzipation der Kunden gefördert und Unternehmen vor immer neue Herausforderungen gestellt. Jeder Kunde konnte sich nun für einen Anbieterwechsel entscheiden, aus Kostengründen oder ideologischen Aspekten. Der Wandel steht aber auch für mehr Transparenz.[135] Dies geschah z.B. durch die Stromkennzeichnungspflicht des Energiewirtschaftsgesetzes (EnWG), das 2005 in Kraft trat. Durch die Deregulierung des Strommarktes sollte der Weg von der Monopolisierung hin zu einem echten Wettbewerb führen. Der Markt sollte für weitere Anbieter geöffnet werden und politische Eingriffe der Vergangenheit angehören.[136] Um den Anteil von Regenerativen Energien am gesamten Energiemix zu erhöhen, wurde das Erneuerbare-Energien-Gesetz (EEG) schon im Jahre 2000 auf den Weg gebracht. Entgegen der Erwartungen stiegen die Strompreise der deutschen Haushalte. Aufgrund dieser Entwicklung prüften Mitte Juli 2010 Die Grünen die gestiegenen Kosten der Haushalte und kamen zu folgendem Ergebnis:

> „[...] Die vorgenommenen Strompreiserhöhungen sind [...] allgemein nicht gerechtfertigt. Sie sind nicht mit gestiegenen Beschaffungskosten und nur sehr begrenzt mit der gestiegenen EEG Umlage zu begründen. [...]“[137]

Mit diesem Ergebnis wurde festgehalten, dass die Deregulierung bis jetzt nicht zu dem gewünschten Erfolg geführt hat. Ein Grund hierfür ist der nicht funktionierende Markt aufgrund des fehlenden "echten" Wettbewerbs der sogenannten Grundversoger (RWE, E.ON, Vattenfall, EnBW) und deren Tochtergesellschaften.[138] Dennoch können einige unabhängige Energieerzeuger erfolgreich Kunden generieren.

Die Unternehmensvielfalt auf dem deutschen Strommarkt ist groß. Im Jahre 2009 gab es ca. 1.100 Unternehmen. Über die Hälfte verfügen aber nicht selbst über stromerzeugende Anlagen. Vor allem der Handel mit dem Rohstoff Strom lockte in den Jahren nach der Deregulierung 150 neue Marktteilnehmer an. Der am stärksten gewachsene Bereich ist der Stromvertrieb.[139] Für diese Untersuchung sind ca. 900 Anbieter interessant, da jene im Bereich der Privatkundenversorgung tätig sind. Trotz der Fülle von Anbietern versorgen die sogenannten Grundversorger ca. 85% der Haushalte direkt und weitere 10% über Tochtergesellschaften. Die restlichen 5% Marktanteil teilen die unabhängigen Anbieter unter sich auf (Stand 21.10.2010).[140]

---

[135] Vgl. Schikarski (2005), S. 7

[136] Vgl. Kemfert (2003), S. 14

[137] Harms (2010), S. 3

[138] vgl. Bontrup/Marquardt (2010), S. 401

[139] vgl. BDEW (2009),S. 33

[140] A.T. Kearney (2010), S. 7

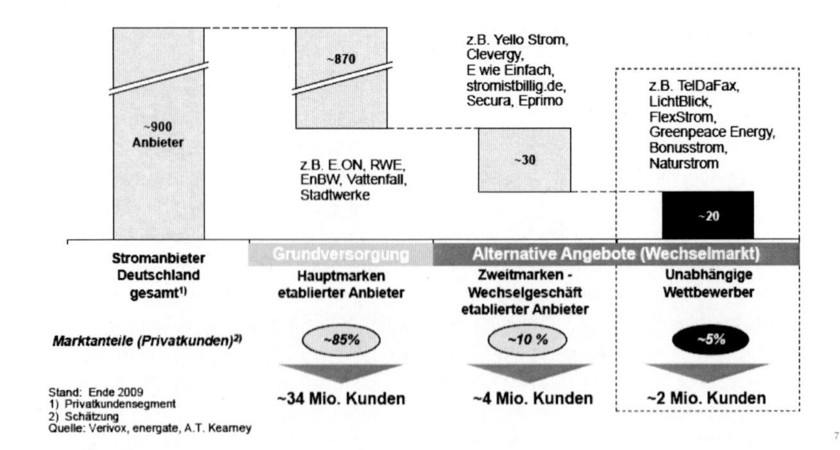

Abbildung 5: Struktur des deutschen Strommarktes[141]

4.1 Der Rohstoff Strom

Der Rohstoff Strom stellt einen speziellen Fall dar. Welche Faktoren und Besonderheiten Einflüsse auf die Vermarktung und den Wettbewerb sowie das spezielle Marketing haben, werden im nächsten Kapitel erläutert. Hierzu gehören die physikalischen und wirtschaftlichen Merkmale.

[141] A.T. Kearney (2010), S. 7

4.1.1 Physikalische Merkmale

Der Verbraucher fordert Strom aus der Steckdose, der jederzeit unbegrenzt verfügbar sein sollte. Somit müssen die Stromerzeuger genug Strom erzeugen, um die nachgefragte Menge liefern zu können. Eine Speicherung des Stromes ist zwar in kleinerem Rahmen möglich, aber führt meist zu Verlusten.[142] Dazu kommt die Distribution des Stromes. Über ein Leitungsnetz gelangt der Strom in die Haushalte. Dem Kunden ist es nicht möglich Strom zu „testen". Es werden keine portionierten Größen angeboten.[143] Dadurch wird der Strom nur begrenzt als physikalisches Produkt angesehen und kann nur in Einheiten (z.B. kWh) verkauft werden. Unterstützt wird diese Wahrnehmung durch das Fehlen von Masse oder Volumen, Strom ist also immateriell.[144] Durch diese Eigenschaften können herkömmliche produktpolitische Verfahren nicht angewandt werden. Der Kunde kann durch die Normierung die Qualität des Produktes Strom nicht einschätzen oder die Herstellungsart selbst unterscheiden.[145] Der Kunde kann durch Strom allein keine Bedürfnisse abdecken, dies erfolgt nur in Verbindung mit elektrischen Verbrauchern.

4.1.2 Wirtschaftliche Besonderheiten

Durch die vorher genannten Merkmale ist der Kunde nicht in der Lage den Unterschied zwischen Anbietern ausschließlich über das Produkt zu identifizieren. Strom ist also ein enorm homogener Rohstoff. Die Abgrenzung des Produkts ist aber über die Art der Produktion (Atomstrom oder Ökostrom) oder die Kosten möglich. Dies sind zwei sehr große Chancen um sich von Wettbewerbern abzugrenzen.[146] Zum Teil wird der Rohstoff Strom der Definition von Low Involvement Gütern gerecht. Man geht davon aus, dass der Kunde durch Gewöhnung, Markentreue und fehlendes Interesse kaum einen Anbieterwechsel forciert. Dies spiegeln auch Umfragen zur Wechselbereitschaft der deutschen Kunden wider.[147] Ein großer Teil der Kunden ist sich über die Art und die genaue Kostenaufstellung ihres Vertrages nicht im Klaren. Zusätzlich haben viele keine Vorstellung von der selbst verbrauchten Menge.[148]

4.1.3 Energiemix

In der folgenden Abbildung wird der Energiemix 2010 in Deutschland veranschaulicht, dem gegenübergestellt ist der Energiemix des Ökostromanbieters greenpeace energy. Zu sehen ist, dass auch mit einem beschlossenen Atomausstieg der CO_2-Ausstoß oder andere

[142] Vgl. Kloubert (2001), S. 7

[143] Vgl. Schikarski (2005), S. 9

[144] Vgl. Konstantin (2009), S. 4 ff.

[145] Vgl. Schikarski (2005), S. 9

[146] Vgl. Kloubert (2001), S. 7 ff.

[147] Vgl. Schikarski (2005), S. 34 ff.

[148] Vgl. TNS Infratest (2009), S. 1 ff.

Abfälle und die damit verbundenen Umweltschäden nicht gestoppt werden. Die Energie die momentan noch die Atomkraftwerke liefern wird in erster Linie von Kohle- und Gaskraftwerke aufgefangen werden, nicht von regenerativen Energiequellen.

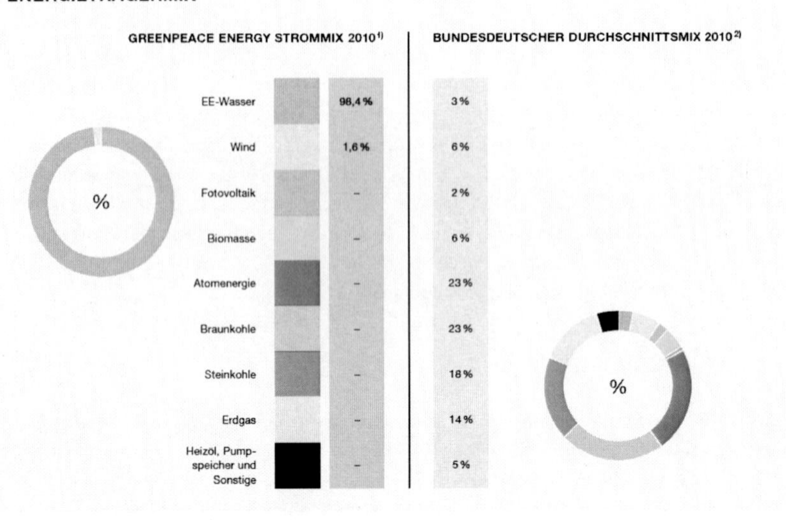

Abbildung 6: Energieträgermix in Deutschland[149]

4.2 Marktstruktur und Merkmale des deutschen Strommarktes

4.2.1 Rahmenbedingungen

Mit der Öffnung des Strommarktes 1998 ergaben sich für die zum Großteil unter der öffentlichen Hand agierenden Energieunternehmen enorme Änderungen der Rahmenbedingungen.[150] Die früher vom Staat festgelegten Versorgungsgebiete mit Preisvorgabe wurden außer Kraft gesetzt. Nun konnten verschiedene Anbieter in Wettbewerb in einem Versorgungsgebiet treten.[151] Um die Abrechnungen für den Kunden transparenter zu gestalten, wurden die Bereiche Übertragung und Stromerzeugung getrennt. Um die Zukunftsaussichten der erneuerbaren Energien zu sichern, wurde im Jahre 2000 das Erneuerbare-Energien-Gesetz (EEG) erlassen. Bestandteil dieses Gesetzes war eine Vergütung für die Erzeugung von „Ökostrom" aus regenerativen Quellen, z.B. Wasser-, Wind- oder Sonnenenergie. Die erhofften Effekte der Strommarktöffnung blieben aus, weshalb im Jahr 2005

---

[149] greenpeace-energy (2010)

[150] Vgl. Schikarski (2005), S. 6

[151] Vgl. Eising (2000), S. 101

eine zweite Novellierung verabschiedet wurde. Das Gesetz über die Elektrizitäts- und Gasversorgung oder auch Energiewirtschaftsgesetz (EnWG) beinhaltete weitere grundlegende Regelungen zu leitungsgebundenen Energien. Die Grundversorger, denen Leitungsnetze zur Distribution des Stromes zur Verfügung standen, wurden verpflichtet allen Wettbewerbern zu einem angebrachten Preis ihre Versorgungsnetze anzubieten. Um diese Entgelte zu prüfen, wurde eigens eine Regulierungsbehörde gegründet. Hinzu kommt, dass nun die Energieerzeuger eine Kennzeichnungspflicht für ihren verkauften Strom haben. Dem Kunden ist es nun möglich zu überprüfen, woher der von ihm konsumierte Strom kommt. Ein großer Baustein dieser Kennzeichnung und ein Symbol in Richtung Nachhaltigkeit ist die Information über CO_2-Ausstoß oder andere Abfallprodukte.[152] Diese zweite Novellierung ist als Treiber des Wettbewerbs zu sehen. Seit 2005 verzeichneten vor allem die Ökostromanbieter steigende Kundenzahlen. Heute wird der Strom zu fairen Entgelten übertragen.

4.2.2 Markenbildung

Durch die fehlenden physischen Eigenschaften des Produkts Strom und den dadurch entstehenden Low- Involvement- Charakter wurden früh zwei entscheidende Alleinstellungsmerkmale in Anlehnung an den Telekommunikationsmarkt definiert - zum Einen der Preis und zum Anderen die Marke selbst. Ein Beispiel dafür sind die von den Grundversorgern gegründeten Tochterunternehmen, die mit einem riesigen Budget die neuen und sich von Mutterkonzern abhebenden Marken bei den Kunden bekannt machen sollten. Zu dieser Zeit erinnerten sich bei einer Umfrage 23% der Befragten nicht nur an einen Markennamen, sondern konnten beispielsweise sogar den Claim von „Yellow Strom“ „gelb, gut, günstig“ wiedergeben. Die Unternehmen sollten individuelle Kundengruppen ansprechen und die Identifikation der Kunden mit den Unternehmen sollte gesteigert werden. Schikarski ist der Meinung, dass diese Vorgehensweise typisch für diese Art von Produkten ist. Die Kommunikation zeichnet sich durch einen verschwindend geringen Informationsanteil aus und versucht vielmehr Aufmerksamkeit für Marke und Kunden zu generieren. Schon in den ersten Jahren nach der Deregulierung verdreifachten sich die Werbeetats.[153] Nach der zweiten Phase der Deregulierung traten nun vermehrt Anbieter auf den Markt, die sich nicht durch den Preis, sondern durch die Art der Stromerzeugung von anderen Wettbewerbern differenzierten. Diese Unternehmen, die Ökostromanbieter, erzeugten ihren gesamten Strom aus regenerativen Energien. Sie versuchten in ihrer Kommunikation das Umweltbewusstsein der Kunden anzusprechen oder die potenziellen Kunden mit der Gefahr und den Auswirkungen von Umweltverschmutzung oder Unfällen zu sensibilisieren. Man ging dem Kostenwettbewerb aus dem Weg und versuchte dem Kunden einen ideellen Nutzen zu vermitteln.[154]

In der Zeit der großen Werbekampagnen und extremer Preisstürze von bis zu 40% wurde die Marke als Schlüssel zu den wechselwilligen Kunden kritisch betrachtet. Die Maßnah-

[152] Vgl. Gesetz über die Elektrizitäts- und Gasversorgung (EnWG), § 42

[153] Vgl. Schikarski (2005), S. 10 ff.

[154] Vgl. Schikarski (2005), S. 17 ff.

men generierten zwar große Aufmerksamkeit, der Wechselwille der Kunden wollte jedoch nicht recht in Gang kommen. Die Relevanz der Marke und die damit verbundene Markenbildung wurden von einigen Grundversorgern als ungeeignet eingestuft. So verschwanden die ersten Tochterunternehmen (z.B. evivo), die unter diesen Vorzeichen Kunden binden wollten. Marketingexperten sprechen von einem unersetzbaren Instrument zu Differenzierung der Produkte in homogenen Märkten.[155] Unternehmen mit ähnlichen Leistungen und Kosten müssen sich von einander abgrenzen können. Dies gilt besonders für den Energiemarkt. Diese Marken müssen ein Vorstellungbild des Produktes oder der Qualität im Kopf des Kunden hervorrufen. Die Wahrnehmung der Marke soll positiv auf den Kunden wirken. Es ist zusätzlich gewünscht eine Beziehung zwischen Kunde und Marke herzustellen. Den Grund dafür kann die Funktion oder auch das soziale Merkmal der Marke widerspiegeln.[156] Markenbekanntheit ist eine Notwenigkeit, reicht aber nicht ausschließlich aus, um den Kunden zum Wechseln zu bewegen, auch wenn dieser wiederholt mit der Marke in Berührung tritt. Der dafür benötigte Markenwert muss durch weitere Zielgrößen der Markenbildung erreicht und unterstützt werden. Man spricht hier von Markenimage, Markenzufriedenheit oder Markenbindung.[157] Die Wechselbereitschaft hat sich in den letzten Jahren nach oben entwickelt. Laut dem Monitorbericht der Bundesnetzagentur von 2010 wechselten schon 46% der Deutschen ihren Stromanbieter. Die Verbindung von negativen und positiven Wechselargumenten muss weiter durch den Markt berücksichtigt und in das Verhältnis mit den Zielgrößen gesetzt werden.

4.2.3 Konsumentenverhalten im deregulierten Strommarkt

Bevor das Konsumentenverhalten im deregulierten Strommarkt genau erläutert wird, erfolgt eine Zusammensetzung der derzeitigen Strompreise. Wie in den vorherigen Kapiteln festgestellt wurde, ist der Preis ein großes Thema im Energiesektor. Eine Veranschaulichung der Zusammensetzung ist in der folgenden Abbildung dargestellt.

---

[155] Vgl. Schikarski (2005). S. 18
[156] Meffert/Burmann/Koers (2002), S. 6
[157] Vgl. Schikarski (2005), S. 20 ff.

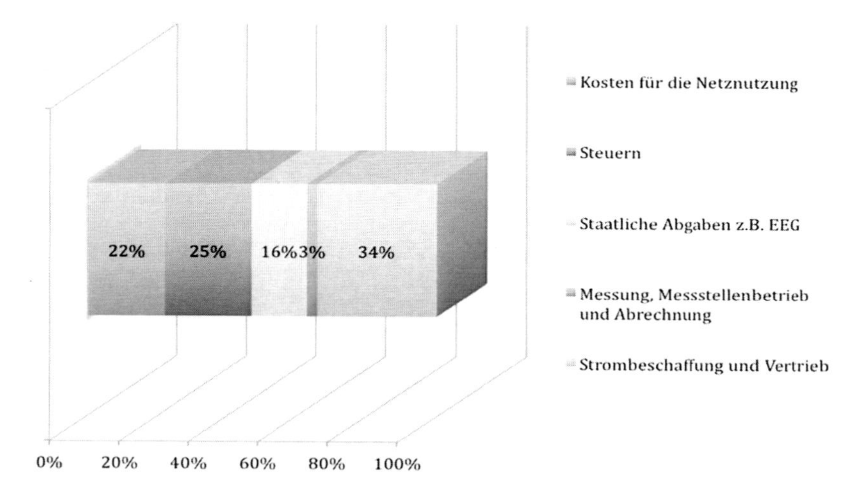

Abbildung 7: Wie setzt sich der Strompreis zusammen[158]

Erstaunlich ist der hohe Anteil an Steuern und staatlichen Abgaben, die ca. 41% des Preises ausmachen. Hierbei werden auch Kosten des Erneuerbaren Energien Gesetzes mit eingerechnet. Das bedeutet, dass die zur Abnahme von Ökostrom verpflichteten Netzbetreiber die Zahlungen an die jeweiligen Ökostromproduzenten (privat oder gewerblich) in die Berechnung des herkömmlichen Strompreises mit einbeziehen. Daraus resultiert, dass jeder Kunde einen Teil der Vergütung für die Ökostromproduzenten bezahlt. [159] Diese Tatsache ist den wenigsten Kunden bewusst und kann somit kaum als ein ausschlagebener Punkt für Wechselbereitschaft gelten. Durch erhöhte Werbepräsenz und den Preiskampf der Anbieter hat der Wettbewerb in den letzten fünf Jahren stetig zugenommen. Da ein Großteil der Kunden (ca. 86%[160]) bei einem Anbieterwechsel den Preis als ausschlaggebendes Argument nennt, kann man ein erhöhtes Wechselverhalten meist nach Strompreiserhöhungen erkennen. Dies zeichnet sich normalerweise erst ein Jahr später ab, da sich die meisten Kunden erst nach Aufforderung zu einer Stromkostennachzahlung zu einem Wechsel entschließen. Deutlich wird das zum Beispiel an der Strompreiserhöhung im Jahr 2007. Die Ausmaße und der resultierende Rückgang der Preise war erst 2008 zu beobachten. Nur ca. 13% haben den Stromanbieterwechsel durch die Art der Stromerzeugung begründet und somit den Wechsel zu einem Ökostromanbieter forciert.[161] Die restlichen Wechselgründe waren zu hohe Kautionszahlungen oder mangelnder Service. Zu beachten sind aber alle Faktoren, denn diese können dazu führen, dass sich die Kunden mehr mit ihren Tarifen und ihrem Stromanbieter auseinandersetzen. Damit rücken das Produkt und die Marke in den Vordergrund und die Wahrscheinlichkeit eines Stromanbieterwech-

[158] bundesnetzagentur.de (2010)

[159] Vgl. Konstantin (2009), S. 60

[160] Vgl. Henseler (2006), S. 169

[161] VDEW (2007)

sels steigt. Die Kunden sind besser in ihr Produkt oder ihren Tarif involviert.[162] Wie Studien belegen, führt das daraus folgende Involvement nicht immer zu einem Wechsel des Anbieters. Häufig bleibt es bei den Überlegungen zum Anbieterwechsel aufgrund des undurchsichtigen Tarifdschungels.[163]

4.3 Methodische Vorgehensweise der empirischen Untersuchung

4.3.1 Auswahl der Zielgruppe

Durch die begrenzten Mittel war keine repräsentative Umfrage möglich. Daher lag das Hauptaugenmerk der Umfrage auf dem Bildungsstand der Befragten. Aus diesem Grund wurde die Umfrage ausschließlich in Hochschulverteilern und in studentischen Gruppen verbreitet. Da bei der Auswahl der Verteiler auf Studienschwerpunkte geachtet worden ist, kann man bei den Befragten von einer hohen Medienintelligenz und -nutzung ausgehen. Dies ist ein zusätzlicher Vorzug, welcher bei der Auswertung einen wichtigen Aspekt ausmachte. Wenn in den folgenden Kapiteln auf diese Umfrage verwiesen wird, ist davon auszugehen, dass nur von der angegebenen Zielgruppe gesprochen werden kann.

4.3.2 Aufbau des Fragebogens

Die Online-Umfrage besteht aus 13 Fragen, wobei die ersten vier Fragen auf die Bestimmung des Geschlechts, des Alters oder des Bildungsgrades abzielen. Die weiteren neun Fragen gestalteten sich weitestgehend als Pflichtfragen. Für die Bearbeitung der Umfrage waren 4-6 Minuten angesetzt. Dadurch konnte man eine sehr geringe Abbruchrate verzeichnen. Die Umfrage war in verschiedene Stufen eingeteilt.

- Erste Stufe: Geschlecht, Beruf, Alter und höchster Bildungsabschluss.
- Zweite Stufe: Allgemeiner Kenntnisstand des Strommarktes, Wechselabsichten und Erinnerung an Anzeigen oder Werbung.
- Dritte Stufe: Markenbekanntheit von Ökostromanbietern und Zahlungsbereitschaft.

In der zweiten Stufe eröffneten sich den Befragten zwei zusätzliche Fragen, sofern die Beantwortung der vorherigen Frage mit "Ja" erfolgte. Diese Fragen und die Frage nach der Zahlungsbereitschaft im dritten Teil waren optional und mussten somit nicht von den Befragten ausgefüllt werden. Die Formulierung der Fragen sollte keine Antworten implizieren. Die Länge der Umfrage und die unemotionale Fragestellung sollten dabei helfen den Befragten nur kurze Zeit zum Nachdenken einzuräumen und damit gesellschaftlich erwünschte Antworten zu vermeiden. Die Umfrage selbst war zu 100% anonym.

---

[162] Vgl. Henseler (2006), S. 166

[163] TNS Infratest (2009), S. 1 ff.

4.3.3 Auswertung des Fragebogens

In diesem Kapitel wird die Auswertung des Online-Fragebogens vorgestellt. Die gewonnenen Ergebnisse werden in den Kontext des Buches überführt und es wird versucht Aussagen auf die derzeitige Position der Ökostrommarken und deren Bekanntheitsgrad in der Zielgruppe zu treffen. Es werden Übersichten und Grafiken benutzt, welche zur Veranschaulichung der Ergebnisse beitragen sollen. Einzelne Aussagen von Befragten werden herausgearbeitet, wenn sie als aussagekräftig für den Forschungsgegenstand eingeschätzt werden. Wie bereits erwähnt handelte es sich um eine Online-Umfrage, deren Verteilung an Hochschulen eine Resonanz von 350 Teilnehmern erreichte. Das bedeutet n = 350.

Die nachfolgenden Ergebnisse werden zum Großteil in Prozentangaben präsentiert.

- Erste Stufe: Geschlecht, Beruf, Alter und höchster Bildungsabschluss.

Bei der ersten Stufe sind keine Abweichungen zu den erwarteten Ergebnissen aufgetreten. 95 Prozent der Teilnehmer sind unter 30 Jahre alt und haben den Status „Student" oder „Absolvent". Es haben mit 58% deutlich mehr weibliche Personen teilgenommen. Die meistgenannten Bildungsabschlüsse sind Abitur /Fachabitur (62%) und Bachelor /Master /Diplom (33%).

- Zweite Stufe: Allgemeiner Kenntnisstand des Strommarktes, Wechselabsichten und Erinnerung an Anzeigen oder Werbung.

Nach der Frage des eigenen Anbieters wurden die Wechselabsichten der Teilnehmer unter die Lupe genommen. Hierbei stellte sich heraus, dass nur wenige Teilnehmer (30%) über einen Wechsel ihres Stromanbieters in den letzten sechs Monaten nachgedacht haben. Die Teilnehmer die mit „Ja" geantwortet hatten, konnten einen Grund für ihre Überlegung angeben. Aus Übersichtsgründen wurden aus den häufigsten Antworten fünf Kategorien gebildet:

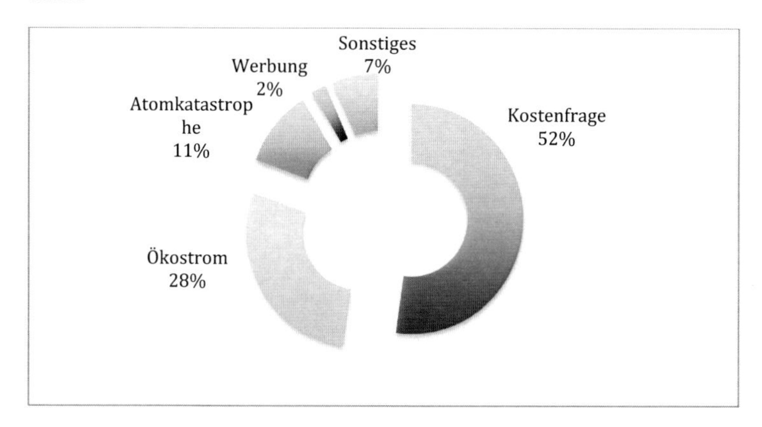

Abbildung 8: Wechselgründe der Befragten[164]

---

[164] Eigene Abbildung nach Auswertung der Online-Umfrage

Wie viele ihren Anbieter tatsächlich gewechselt haben, konnte nicht quantitativ festgehalten werden. Da diese Umfrage ca. zwei Monate nach dem Kraftwerksunfall in Japan in Umlauf war, ist bemerkenswert, dass nur 11% der Befragten auf Grund dieser Katastrophe über einen Wechsel nachgedacht haben. Wobei es nicht ganz ausgeschlossen ist, dass die Teilnehmer die „Ökostrom" angegeben haben, auch von der Atomkatastrophe beeinflusst worden sind. In diesem Ergebnis spiegelt sich auch die Annahme vieler Experten wider, dass der Preis ein sehr ausschlaggebendes Argument ist.

Die nächsten Fragen zielten auf den Kenntnisstand des Strommarktes allgemein, sowie speziell auf den Ökostrommarkt ab. Die folgende Grafik zeigt nur minimale Differenzen zwischen den Selbsteinschätzungen der Teilnehmer.

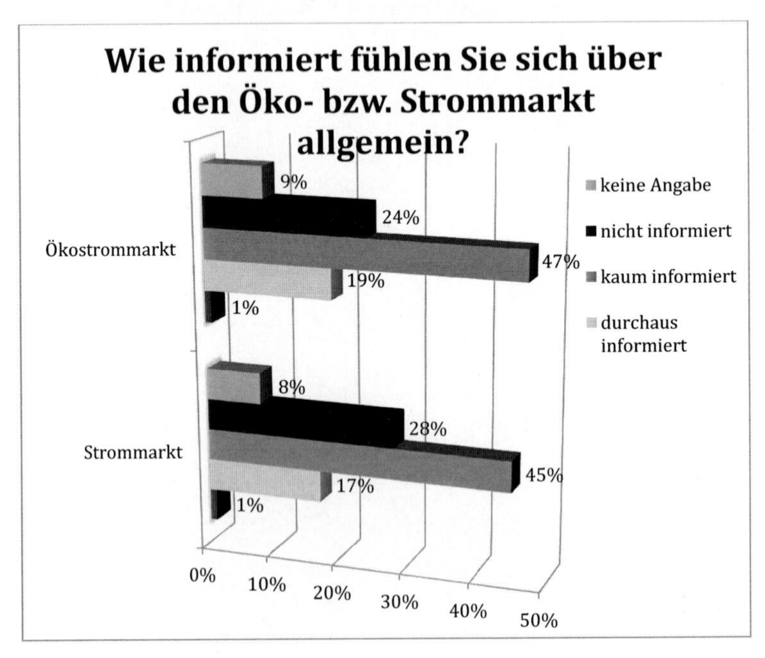

Abbildung 9: Wissensstand der Befragten[165]

Hierbei sticht die geringe Anzahl der informierten Teilnehmer heraus. Dies kann zum Einen daran liegen, dass die Teilnehmer, die sich nicht mit einem Wechsel beschäftigt haben, keine Informationen sammeln, da sie für sie nicht von Nutzen sind. Zum Anderen kann die Schuld für den niedrigen Informationsstand auch bei den Anbietern liegen. Da momentan über Atomausstieg und sanft erzeugte Energie in den Medien und in der Politik diskutiert wird, sollten die Unternehmen auf Kundenbindung setzen und diese mit Informationen versorgen. Durch mangelnde Informationspolitik ist bei der befragten Zielgruppe eine Informationslücke entstanden. Bis zu 73% fühlen sich nicht oder kaum informiert. An An-

[165] Eigene Abbildung nach Auswertung der Online-Umfrage.

zeigen und Werbung konnten sich nur ca. 18% der Teilnehmer erinnern. Meist wurde sich eher an den Werbespot, den Prominenten oder die Handlung erinnert, als an das Unternehmen selbst. Es wurden viele Solar- und Windkraftunternehmen mit Ökostromanbietern gleich gesetzt, da die Werbung scheinbar das „Umweltbewusstsein" transportiert. Als häufigstes Beispiel wurde die Werbung der Unternehmensgruppe „PROKON" auf Seiten des Ökostroms genannt. Hier wird aus einem Atomzeichen nach und nach ein Windrad. Auf Seiten der Grundversorger sind vor allem Werbungen, die mit „Umweltbewusstsein" werben, in Erinnerung geblieben. Als Beispiel kann hier der "REWE-Riese" angeführt werden, der im Werbespot die Welt mit Ökostrom versorgt. Die Werbung der Stromanbieter scheint die untersuchte Zielgruppe kaum zu erreichen. Dies wird vor allem bei in der dritten Stufe der Umfrage deutlich.

- Dritte Stufe: Markenbekanntheit von Ökostromanbietern und Zahlungsbereitschaft.

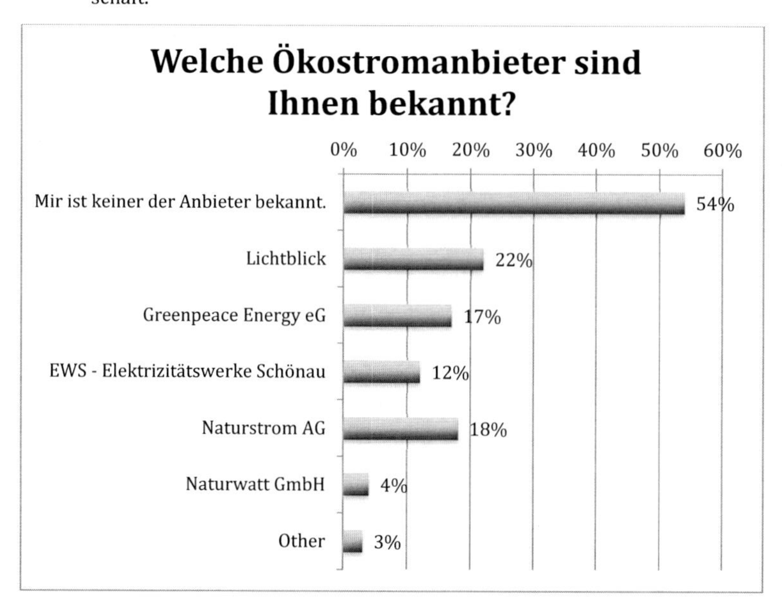

Abbildung 10: Markenbekanntheit der Ökostromanbieter[166]

In der Abbildung kann man deutlich erkennen, dass 54% der Befragten die größten Ökostromanbieter in Deutschland nicht kennen. Zwar reichen die Werbeetats der meist mittelständischen Unternehmen nicht aus, um Werbespots in der Primetime zu zeigen; nichtsdestotrotz sollte die derzeit sensibilisierte Aufmerksamkeit der Deutschen als Chance seitens der Ökostromanbieter gesehen werden, vor allem hinsichtlich der folgenden Ergebnisse der Umfrage. Ganze 59% der Befragten sind bereit für Ökostrom tiefer in die

[166] Eigene Abbildung nach Auswertung der Online-Umfrage.

Tasche zu greifen. Die Aufteilung und die Bereitschaft in Zahlen werden in der nächsten Abbildung veranschaulicht.

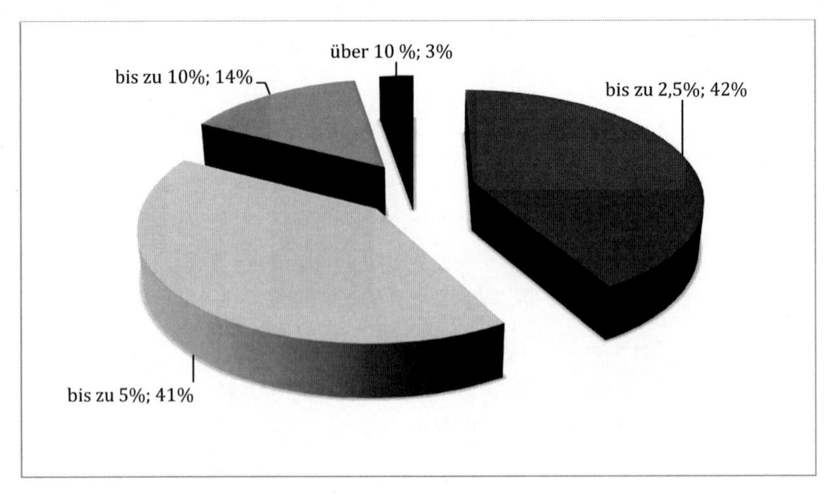

Abbildung 11: Zahlungsbereitschaft der Befragten[167]

4.4 Informationspolitik der Anbieter

4.4.1 Marketingstrategie ausgewählter Ökostromanbietern

Im Folgenden werden Marketingstrategien und externe Kommunikation der beiden größten Ökostromanbieter in Deutschland dargestellt. Der Umfang der Untersuchung lässt keine umfassende Analyse der Marketingstrategien zu, da diese über einen langen Zeitraum wirksam und durch eine Vielzahl von Instrumenten und Aktivitäten gekennzeichnet sind. Der Fokus liegt auf der Vergangenheit des Unternehmens, den daraus resultierenden Verantwortlichkeiten und Vorsätzen. Dies wird genauso erläutert wie die Kundenentwicklung der Anbieter.

4.4.1.1 LichtBlick AG

Der Ökostromanbieter LichtBlick ist eine in Hamburg ansässige Aktiengesellschaft und wurde im Jahre 1998 gegründet. Zur Zeit hat die LichtBlick AG 600.000 Kunden und ist damit nicht nur der führende Ökostromanbieter, sondern auch der größte unabhängige Energieversorger. LichtBlick positioniert sich selbst im Bereich der Ökostromanbieter. Dies wird nicht nur durch die unterstützende Haltung zum Atomausstieg, sondern auch durch die Erweiterung ihres Portfolios durch Biogas deutlich. LichtBlick konnte die

[167] Eigene Abbildung nach Auswertung der Online-Umfrage.

500.000 Kunden-Marke im Jahr 2009 überschreiten und wurde ein Jahr später mit dem deutschen Nachhaltigkeitspreis für die nachhaltigste Marke 2010 ausgezeichnet. Darauf folgte in diesem Jahr der Innovationspreis „Klima und Umwelt". LichtBlick engagiert sich seit der Gründung für ein flexibles, intelligentes und klimafreundliches Energiesystem und für mehr Wettbewerb im Erzeugermarkt. Dies spiegelt auch das Mitwirken des Unternehmens am Gesetz über die Elektrizitäts- und Gasversorgung oder auch Energiewirtschaftsgesetz (EnWG) wider.

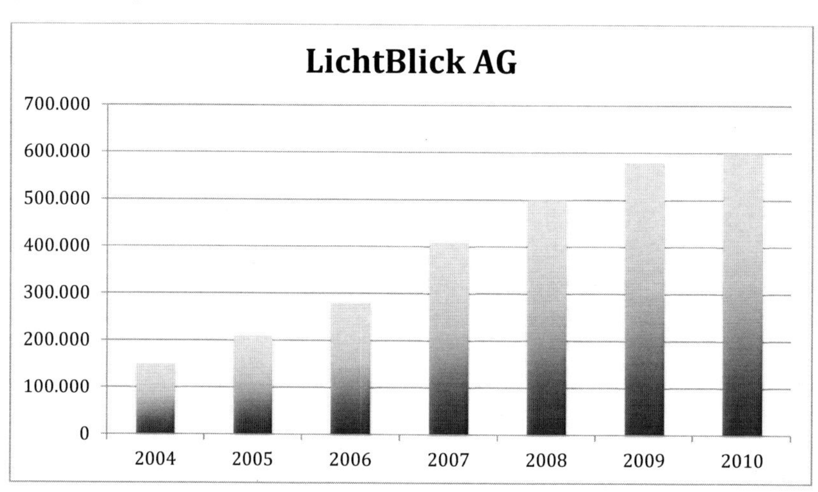

Abbildung 12: Entwicklung der Kundenzahlen der LichtBlick AG[168]

Die Kommunikation von LichtBlick folgt der Strategie der Nachhaltigkeit. Zu den Auszeichnungen kommen noch die etablierten Öko-Labels, die Verbrauchern einen zusätzlichen Anhaltspunkt zur Qualität und Glaubwürdigkeit der Produkte geben sollen. LichtBlick ist zu 100% umweltfreundlich zertifiziert, wurde vom TÜV NORD geprüft und hat das ok-power-Label erhalten. Darüber hinaus wird LichtBlick von führenden Umweltverbänden sowie Stiftung Warentest („gut") und Ökotest empfohlen. Im Jahr 2011 wurde LichtBlick zum dritten Mal in Folge zum kundenorientiertesten Energieversorger Deutschlands gewählt. Das Unternehmen engagiert sich aber nicht nur im Zukunftsmarkt der erneuerbaren Energien, sondern unterstützt weltweit Projekte gegen Umweltverschmutzung und Zerstörung der Lebensräume bedrohter Tierarten. So werden pro Kunde und Monat ein Quadratmeter Regenwald geschützt und regionale Bildungs- und Wirtschaftsprojekte unterstützt. Bis zum heutigen Zeitpunkt wurde eine Fläche von 5.800 Fußballfeldern geschützt und jeden Monat kommen ca. 100 Felder dazu. LichtBlick vertreibt nicht nur direkt seine Produkte, sondern hat auch ein Netz an Vertriebspartnern aufgebaut. Hierzu zählen Deutsche Post AG, Globetrotter, Web.de, Tchibo und seit neuestem dm Drogeriemarkt.[169] LichtBlick legt großen Wert auf die Kundenbetreuung, verzich-

[168] Vgl. LichtBlick (2011)

[169] Vgl. LichtBlick (2011)

tet aber auf große Werbekampagnen. Zusätzlich zur Onlinewerbung wurde ein Unternehmens-Blog, ein Unternehmensprofil auf Facebook und ein Twitter-Account ins Leben gerufen.

4.4.1.2 Greenpeace Energy eG

Die Greenpeace Energy Genossenschaft wurde in Jahre 1999 gegründet und ist zur Zeit der zweit größte Ökostromanbieter in Deutschland. Greenpeace Energy sieht das eigene Angebot, Kunden aus 100% regenerativen Quellen zu versorgen, als eine Art umweltpolitisches Statement. Sie arbeiten eng zusammen mit einer eigens gegründeten Tochtergesellschaft, die umweltfreundliche Kraftwerke baut. Greenpeace Energy fordert die Kunden auf sich durch Investments oder auf eine andere Art zu beteiligen. So heißt es im Geschäftsbericht 2010:

> „Unser Ziel ist die Energiewende: eine Energieversorgung nur aus umweltfreundlichen Quellen, ohne Kohle oder Atom. Als Genossenschaft verbinden wir politische Forderungen mit energiewirtschaftlichen Lösungen. Wir bauen saubere Kraftwerke und laden jeden Einzelnen ein, sich je nach Können, Wollen oder Vermögen in die Bewegung *Energiewende jetzt!* einzubringen“[170]

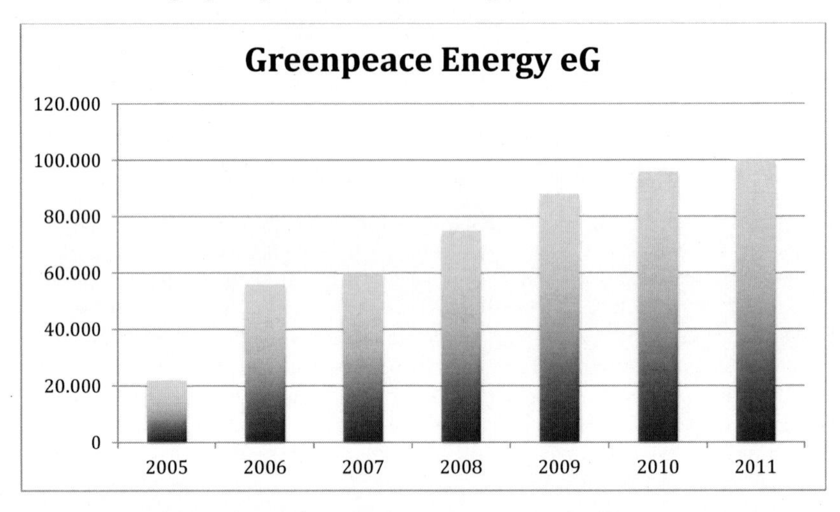

Abbildung 13: Entwicklung der Kundenzahlen der greenpeace energy eG[171]

Es ist nicht zu übersehen, dass Greenpeace Energy eine andere Zielgruppe anspricht als LichtBlick. Zwar sind beide Unternehmen Ökostromanbieter, doch Greenpeace richtet sich eher an die Öko-Hardliner. Dies spiegelt sich auch in der Zertifizierung des Portfolios wider, da hier lediglich von TÜV NORD und von Greenpeace e.V. ein Label vergeben wird.

---

[170] greenpeace-energy (2010), S. 3

[171] Vgl. greenpeace-energy (2010)

Greenpeace Energy ist nicht mit der Art der Zertifizierung und der Vergabe der Labels einverstanden. Sie schätzen ihre Zertifizierung als deutlich effektiver ein. Bei einem Ranking der Zeitschrift Öko-Test belegt Greenpeace Energy Rang 1 mit dem Urteil „sehr gut". Greenpeace Energy verzichtet wie LichtBlick auf groß angelegte Werbekampagnen, setzt aber auch nicht auf Vertriebspartner um die Kunden anzusprechen. Die Direktansprache und das gewünschte Involvement der Kunden ist Teil des Konzeptes. Es werden vereinzelt Nadelstiche gesetzt, die in Sachen Tonalität und Ansprache dem Vorbild des Greenpeace e.V. folgen. Es wird versucht die Menschen mit provokanten Headlines, Spots und Plakaten zum Umdenken zu bewegen. Zusätzlich wird auf der Internetpräsenz ein Magazin mit dem Namen energy.aktuell für Kunden und Interessierte angeboten. Wer Greenpeace unterstützen möchte und eine eigene Homepage hat, bekommt fertige Banner in allen Größen zur Verfügung gestellt und kann so mithelfen weitere Kunden zu akquirieren. Ein Unternehmensprofil auf Facebook und ein Twitter-Account ist obligatorisch.[172]

4.4.2 Labeling und Zertifizierung

Wie schon in den vorherigen Kapiteln erwähnt, gibt es Orientierungshilfen für die Verbraucher. Ökostrom-Gütesiegel und Zertifikate bescheinigen den Anbietern eine umweltfreundliche Stromproduktion. Zurzeit gibt es in Deutschland noch kein einheitliches Gütesiegel. Doch haben sich vor allem das **ok-Power Zertifikat** und das **Grüner Strom Label** als zuverlässiger Nachweis erwiesen. Sie zertifizieren ausgezeichnete Produkte, die Strom aus umweltfreundlichen Quellen beziehen. Die Labels sind wichtig, weil der Begriff Ökostrom in Deutschland noch nicht geschützt ist.

> „Das Fehlen eines einheitlichen Ökostrom Gütesiegels oder auch Ökostrom Standards führt dazu, dass fast jeder Stromanbieter einen Ökostromtarif anbieten darf, ohne dass geprüft wird, ob es sich dabei auch tatsächlich um Ökostrom, also Strom aus erneuerbaren Energiequellen, handelt. Nicht jedes der deutschen Ökostrom Labels kennzeichnet einen Stromtarif als hundertprozentigen Ökostrom. Verbraucher müssen sich also informieren, welches Ökostrom Zertifikat, welche Aussage trifft. Nur wenige Ökostrom Labels bezeugen, dass der geprüfte Stromanbieter ausschließlich Strom aus z.B. Wind, Wasser und Solar bezieht."[173]

Alle wichtigen Ökostrom Labels in der Übersicht:

- ok-Power Label

  Ausgestellt von der EnergieVision e.V, Öko-Institut e.V., der Verbraucherzentrale Nordrhein-Westfahlen und der Umweltorganisation WWF. Es zertifiziert die Erfüllung festgelegter ökologischer Mindeststandards und die Erfüllung von Zusatznutzen für die Umwelt.

[172] Vgl. greenpeace-energy (2010)

[173] StromAuskunft.de (2011b)

- Grüner Strom Label

  Ausgestellt von Grüner Strom e.V., dem Bund für Umwelt- und Naturschutz und dem Naturschutzbund Deutschland. Das Label zertifiziert einzelne Stromprodukte, nicht den gesamten Anbieter. Bei diesem Label gibt es zwei Abstufungen - Silber und Gold. Produkte die mit Silber ausgeschrieben werden, beinhalten zu 50% Strom aus regenerativen Energiequellen. Das Gold Label zertifiziert eine einhundertprozentige Gewinnung aus regenerativen Energiequellen.

Weitere Label mit mindestens 100% Strom aus regenerativen Energiequellen:

- TÜV-Nord
- TÜV- Süd

Weitere Label mit mindestens 50% Strom aus regenerativen Energiequellen:

- Gütesiegel Öko-Strom[174]

[174] Vgl. StromAuskunft.de (2011b)

5. Instrumente zur Markenbildung im Ökostromsektor

Im folgenden Kapitel werden die Instrumente zur Markenbildung und die Anwendungsmöglichkeiten von Neuromarketing im Ökostromsektor dargestellt. Zuerst wird auf die Potentiale und die Leistungsfähigkeit des Neuromarketing eingegangen. Hierbei geht es um die Anwendung der im Kapitel 3.4 vorgestellten Methoden und deren Einfluss auf die Kommunikationskanäle der Ökostromanbieter. Des Weiteren werden die Möglichkeiten für die emotionale Markenpositionierung und die in der Kommunikation verwendbaren Emotionen aufgezeigt. In der darauf folgenden Zusammenfassung und dem Ausblick wird das Kapitel noch einmal grundlegend beleuchtet.

Wie schon in den Grundlagen des Neuromarketings angesprochen, wurde früher angenommen, dass das menschliche Gedächtnis einem Computer ähnelt. Man ging davon aus, dass Informationen in Sektoren abgelegt und bei Bedarf wieder abgerufen werden können. Dank der computergestützten, bildgebenden Verfahren konnten diese Annahmen widerlegt und die komplexen neuronalen Verbindungen und die dadurch entstehende Leistungsfähigkeit bewiesen werden.[175] Die Entstehung von Gedanken und Gefühlen konnte erforscht und lokalisiert werden. Ohne diese Technik würde die Wissenschaft wahrscheinlich heute noch annehmen, dass Entscheidungen entweder rational oder emotional ablaufen.[176] Somit ist das Feld der Neurowissenschaften und auch das des Neuromarketings auf den technischen Fortschritt der bildgebenden Verfahren angewiesen. Durch bessere Techniken und mit der Hilfe von speziellen Programmen wird ein immer genaueres Bild über Emotionen und kognitive Prozesse für das Neuromarketing nutzbar.[177] Eines der angesehensten Anwendungsgebiete des Neuromarketings ist die Limbic Map. Sie wurde im Zusammenhang mit den Emotions- und Motivsystemen vorgestellt. Sie verbindet die Motive und Emotionen mit Werten, die zur Stimulation von Zielgruppen unerlässlich sind.[178] Die jetzigen Konzepte, wie z.B. die Sinus Milieus, bündeln zwar die Motive und Emotionen, können sich aber untereinander nicht austauschen. Im Gegensatz dazu ist Limbic Map im Stande verschiedene Mischformen von Emotionen darzustellen und kann damit die Bedürfnisse der Zielgruppen deutlich einordnen.[179]

---

[175] Vgl. Gudjons (2008), S. 218

[176] Vgl. Schwarz (2007), S. 24

[177] Vgl. Wallesch/Lins/Herrmann (1997), S. 259 f.

[178] Vgl. Häusel(2008), S. 37

[179] Vgl. Häusel (2008), S. 43

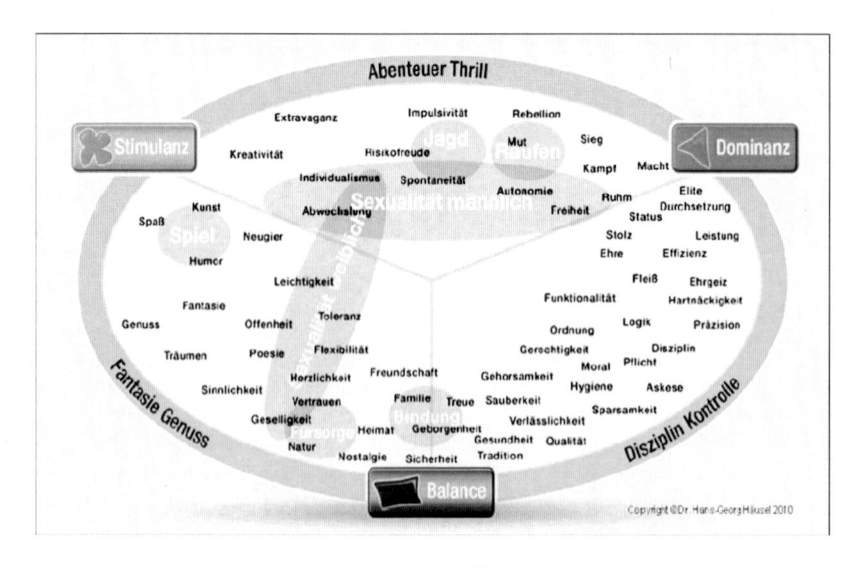

Abbildung 14: Limbic Map und die Werte des Menschen[180]

Die Limbic Map ist ein Tool, das bei der Bildung oder Steuerung einer Marke dessen Werte und Nutzen für den Kunden widerspiegeln kann. Wie man auf der Abbildung erkennt, gibt es unzählige Kaufmotive, Bedürfnisse und Werte, die bei Kunden eine Rolle spielen. Jede Marke sollte mindestens ein Motiv- oder Emotionssystem im Kopf des Kunden anregen. Je mehr Felder von der Marke angesprochen werden, desto wertiger wird sie für den Kunden. Man nennt die gleichzeitige Aktivierung unterschiedlicher Motivationen „Multimotivationalität"[181]. Es ist, wie schon in Kapitel 3.4.1 ausgeführt, auf die *Selektive Negativwahrnehmung* zu achten, denn der Kunde soll mit der Marke nur positive Assoziationen verbinden. Negative Reize würden die positive Emotionalisierung der Marke verhindern und die Kunden würden kein *„Streben"* nach dieser Marke verspüren.

Im Neuromarketing wird das Geld als ein ausschlaggebender Faktor gesehen. Dem Kunden muss durch die Marke ein größerer positiver Wert entgegengebracht werden, um den negativen Reiz - Verlust seines Geldes - wieder auszugleichen. Somit ist auch das Geld ein großer Aspekt, der bei der Berücksichtigung von Emotionen nicht außen vor gelassen werden darf. Für die Ökostromanbieter heißt das, dass Preisniveau sollte im besten Falle nicht stark von dem der Grundversorger abweichen. Dies stellte auch schon Henseler fest, denn für den Kunden ist der Preis erst dann relevant, wenn die Kosten den Referenzpreis überschreiten. Der Referenzpreis kann zum Beispiel der Preis des jetzigen Anbieters sein.[182] Dadurch könnte der gesteigerte Benefit der alltäglichen Stromnutzung durch den Zusatzeffekt des Umweltschutzes eine entscheidende Rolle spielen. Jeder Kunde führt eine

[180] Häusel (2010)

[181] Häusel (2008), S. 56f.

[182] Vgl. Henseler (2006), S. 19

Art Preis- Leistungsvergleich durch - ob bewusst oder unbewusst - denn bei dem Verlust von Geld (in diesem Fall Zahlung der Stromrechnung) wird ein zentrales Schmerzzentrum im Gehirn aktiviert. Der „Schmerz“ muss durch angenehme Reize aufgewogen werden[183], sonst wird der Kunde beispielsweise keinen „Anbieterwechsel“ in Betracht ziehen.

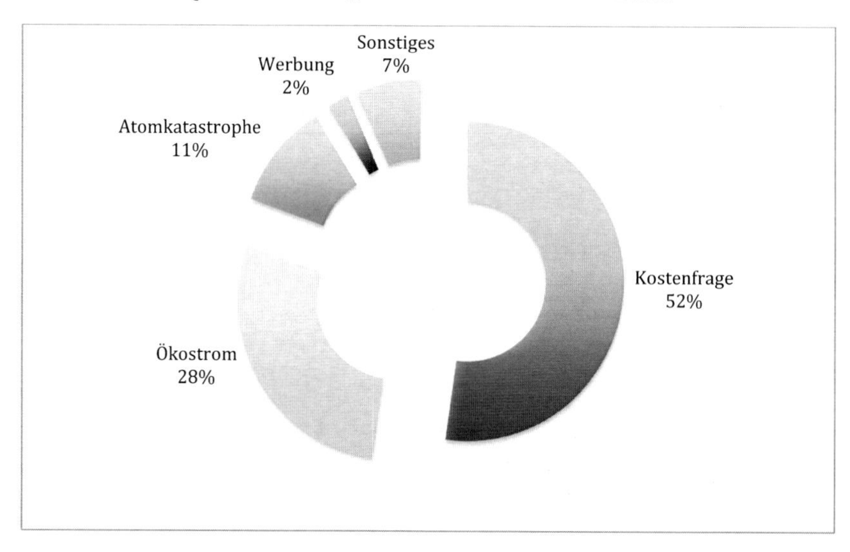

Abbildung 15: Wechselgründe der Befragten[184]

Die Abbildung zeigt das Umfrageergebnis der im Zuge der Untersuchung gestreuten Online-Umfrage. Da 52 % der Teilnehmer auf die Frage nach dem Grund für einen eventuellen Anbieterwechsel die Antwort "Kosten" angegeben haben, kann daraus interpretiert werden, dass sie nicht ausreichend Leistungen und Benefits bei ihrem jetzigen Anbieter im Verhältnis zu den Ausgaben bekommen haben. Dies ist nicht nur unter dem Aspekt des Belohnungssystems zu sehen, da ein Großteil der Befragten zwischen 20 und 30 Jahren alt ist und somit in einem Konsumentenalter, das sich durch Partnersuche und vor allem *Ressourcensicherung* für den Nachwuchs auszeichnet.[185] So dürften in dieser Altersklasse Reize, die die Motive „Sicherheit“ und „Balance“ forcieren, den Kunden erfolgreich ansprechen. Diese Reize können beispielsweise über das Brand Code Management gezielt in der Strategie zur Markenbildung verankert werden. Hierbei wird durch die Implementierung von verschiedenen Codes, eine einheitliche Markenpositionierung erreicht. Es entsteht ein ganzheitliches Konzept für die Marke. Formen, Farbe, Geschichten, Szenarien, Testimonials und die Tonalität der Ansprache werden so konstruiert, dass beim Kunden die oben genannten Motive wie „Sicherheit“ und „Balance“ angesteuert werden.[186] Das Unterneh-

[183] Häusel(2008), S. 56 f.

[184] Eigene Abbildung nach Auswertung der Online-Umfrage

[185] Vgl. Häusel(2008), S. 145

[186] Vgl. Häusel (2007a), S. 109 f.

men muss sich nur seiner Marke und deren Wirkung bewusst sein, denn falsch angesprochene Motive werden durch den Kunden gespeichert und bedürfen einem großen Aufwand, bevor die dadurch entstandenen Verknüpfungen im Gehirn verändert oder durch positive ersetzt werden. „Alles ist eine Botschaft, ein Bedeutungscode – nichts darf deshalb dem Zufall überlassen bleiben. [Denn] erfolgreiche Marken aktivieren und verstärken immer wieder das gleiche neuronale Netzwerk im Gehirn!"[187] Ein gutes Beispiel ist das Unternehmen „PROKON" - die Werbung und die Wirkung der Brand Codes sprechen einheitlich das Motiv „Sicherheit" an. Sie arbeiten mit einer ausgezeichneten Bildsprache und verlängern sie bis zu ihrem Markenlogo. Trotz der in der Online-Umfrage gezeigten Informationslücke im Ökostrombereich erinnerten sich 15 Personen (ca. 5%) an die Werbung des Anbieters und brachten sie mit Ökostrom und regenerativen Energien in Verbindung. Dies ist ein exzellentes Beispiel für die *Kommunikation durch Bilder* und das *Storytelling*. Die Verknüpfung zum Werbespot befindet sich im Anhang.

Die Geschichte des Warnzeichens für radioaktive Stoffe, das zum „PROKON" Logo wird, strahlt auf das Produkt ab und bildet einen sogenannten Frame. „Dieser Frame bestimmt die Bedeutung der Marke und damit auch den gesamten Marketing-Mix: die Zielgruppe, den Wettbewerb, die Produkteigenschaften, das Preisniveau, die Distribution etc." [188] LichtBlick hingegen weist zwar auch eine einheitliche Tonalität in der Kommunikation auf, ist aber als größter deutscher Ökostromanbieter bei den Befragten nicht über eine Bildsprache oder Werbung in Erinnerung geblieben. Dennoch kann man gute Ansätze erkennen, so setzt LichtBlick z.B. auf einen Vetriebspartner, der in einem benachbarten Emotionsfeld zu Hause ist. Der dm-Drogeriemarkt siedelt sich auf der Limbic Map im Bereich der Fürsorge an. Dazu gehören Vertrauen, Geselligkeit und Natur. Die Ökostromanbieter haben ein großes Potential zur Differenzierung ihrer Marken von denen der Grundversorger, denn diese Differenzierung benötigt Aufmerksamkeit der Zielgruppen. Die beschriebenen Methoden bringen der Marke die nötige Aufmerksamkeit. Ohne Aufmerksamkeit findet bei den Kunden keine Speicherung und somit kein Lernen statt. Im Bereich der Ökostromanbieter ist es durch das geringe Involvement ratsam impliziertes Marketing zu betreiben. Dadurch kann ein sogenannter „Pull-Effekt" im Gehirn des Kunden hervorgerufen werden. Durch die Aussicht auf Belohnungen entsteht kein Druck auf den Kunden, sondern eine Art Sog. Es wird eine Anziehungskraft zur Marke erzeugt, da Marken kaum

---

[187] Häusel (2010), S.169

[188] Scheier/Held (2007), S. 66

im Gehirn des Kunden „gepusht" werden können.[189] Die seit 2005 stetig steigende Wechselquote ist eine Chance für die Ökostromanbieter, dem gestiegenen Involvement der Kunden und damit der höheren Bereitschaft zu Wechseln mit einem attraktiven, emotionalen und differenzierten Auftreten der Marke entgegen zu kommen. Abgrenzende Eigenschaften wie Naturschutz, Effizienz, Innovationsfähigkeit, angemessener Preis und hohe Servicequalität sollten an den Kunden kommuniziert werden.[190] Durch diese Alleinstellungsmerkmale wird es eine weitere Verschiebung des Wettbewerbs zu Gunsten der Ökostromanbieter geben.

[189] Vgl. Scheier/Held (2007), S. 171

[190] vgl. Nicolai/Schlüter/Kahlbaum (2009), S. 71

6. Zusammenfassung und Ausblick

Der Einfluss der Hirnforschung auf die Markenbildung und Markenkommunikation wird einen immer größeren Stellenwert einnehmen. Wie schon in dieser Untersuchung veranschaulicht wurde, bedienen sich Unternehmen heutzutage der Motive des Menschen, um ihre Marken und Produkte besser und zielgerichteter zu kommunizieren. Die grundlegenden Mechanismen im menschlichen Gehirn wurden dekodiert. Das ist der Schlüssel zu den entscheidenden Fragen des Marketing bzw. der Marktforschung. Wo entstehen Entscheidungen? Wirkt die Werbung wie gewünscht? Welchen Effekt hat meine Marke auf den Kunden? Erregt die Marke Aufmerksamkeit?[191] Um diese Fragen mit Sicherheit und der gewünschten Genauigkeit beantworten zu können, braucht es noch Zeit. Es werden weiterhin Experimente mit bildgebenden Messverfahren, Eyetracking oder Ähnlichem nötig sein. Hierbei ist eine Zusammenarbeit von Neurowissenschaften, Medizin und Informatik unerlässlich. Nichtsdestotrotz müssen die Unternehmen die Zeichen der Zeit erkennen. Die Kunden wünschen sich persönlichere Ansprachen, die auf ihre Bedürfnisse und auf ihre Motive und Emotionen abgestimmt sind. Die Tonalität sollte dem Gehirn keine Rätsel aufgeben, sondern die Informationsaufnahme des menschlichen Gehirns als Vorbild für jede Art der Kommunikation an den Kunden nutzen. Dabei ist es vor allem wichtig auf die Einheitlichkeit der Kommunikation zu achten. Die forcierten Motive sollten immer das gleiche neuronale Netzwerk ansprechen und es dadurch verstärken. So lernt der Kunde die Marke kennen und verbindet im Autopiloten ein ganz bestimmtes Motiv mit der Marke. Der Kunde wird sich höchstwahrscheinlich immer wieder für diese Marke entscheiden und anderen Marken, mit denen er nur ein schwaches oder kein Motiv verbindet, vorziehen. Die Markenbildung wird sich im Laufe der Zeit verändern, um die Faktoren der systematischen Planung von Emotions- und Motivationsstrategien zu berücksichtigen.[192] Dass ein Markt Schwankungen unterliegt, kann auch das Neuromarketing oder die damit verbundenen Maßnahmen nicht kompensieren, doch gilt es den Anschluss nicht zu verpassen.

Die steigende Wechselbereitschaft der Kunden kommt vor allem den Ökostromanbietern zu Gute, die seit der Kennzeichnungspflicht 2005 einen stetigen Anstieg der Kundenzahlen zu verzeichnen haben. Das Ökostromsegment hat einen höheres Involvement und damit eine höhere Aufmerksamkeit bei den Kunden. Nach der Atomkatastrophe und der daraufhin entstandenen Atomstromdebatte in Deutschland haben die Ökostromanbieter die sensibilisierten Kunden, deren Aufmerksamkeit für das Thema geschärft war, nicht verstärkt und emotional angesprochen. Ein Grund dafür mag gewesen sein, dass die potentiellen Neukunden nach der Katastrophe den Anbietern regelrecht die Türen eingerannt haben. Der Großteil der Anbieter sah sich mit einem immensen Aufwand konfrontiert. „Wir haben allein Online 1.600 Neuanträge pro Tag, [...] dass ist sonst ein guter Wert für 2 Wochen."[193], wird der Marketing Chef Raupach von Naturstrom in der W&V zitiert. Die meisten Anbieter verzeichnen ein um 20 % gestiegenes Interesse. Die Mitarbeiten müssen vor

[191] Vgl. Häusel (2007), S. 40

[192] Vgl. Bittner/Schwarz (2010), S. 6

[193] Werben&Verkaufen (2011), S. 24

allem Fragen zu Tarifen und zu den Öko-Labels beantworten. In der Zeit der Debatte wurde von den Ökostrom-Unternehmen nicht antizyklisch in die Informierung der Kunden investiert. Die durch die Medien geschürte Aufmerksamkeit und die daraus resultierenden Fragen hätten pro aktiv von den Unternehmen aufgegriffen und dem Kunden beantwortet werden können, ohne dass dieser als Erster in Aktion tritt. Dazu kommt, dass die Sicherheit der deutschen Atomkraftwerke in Frage gestellt wurde. Die Ökostromanbieter hätten die Motive Sicherheit, Nachhaltigkeit und Umweltschutz verstärkt ansprechen können. Aus der Sicht des Neuromarketing besteht bei der Ansprache dieser Motive keine Diskrepanz zu den normalerweise angesprochenen Motiven der Anbieter. Zusätzlich hat sich das Involvement der Kunden verstärkt, da sie nun nicht mehr davon ausgehen konnten, dass die störungsfreie Nutzung von Strom weiterhin möglich ist.[194] Somit bricht Strom mit den bis dato bekannten Eigenschaften als Non-Involvement-Gut und verlangt von den Anbietern die Schärfung der Marke und der Kommunikation. Um diese Hürde zu nehmen, ist die Nutzung der Erkenntnisse des Neuromarketing empfehlenswert und kann als Motor der modernen Markenbildung gesehen werden.

[194] Vgl. Schikarski (2005), S. 101

Literaturverzeichnis

Aamodt, Sandra; Wang, Samuel (2008) Welcome to your Brain. 4. Auflage München: Beck Verlag.

Andree, Martin (2010): Medien machen Marken: Eine Medientheorie des Marketing und des Konsums. Frankfurt/New York: Campus Verlag.

A.T. Kearney (2010): Unabhängige Wettbewerber auf dem Strommarkt – Wie Öko- und Billigstrom den Markt verändern.

Barmeyer, Jürgen (2008) Kosmos - Leben - Bewußtsein: Die Faszination des Werdens: Kleine Chronik des Lebens und ihre geistesgeschichtlichen Betrachtungen. 1. Auflage. Berlin: Lit Verlag Berlin.

Beck, Johann; Beck, Norbert (2011) Hirnlos verkaufen war gestern: Die Erfolgsstrategie der Service-Weltmeister. 1. Auflage. Wiesbaden: Gabler Verlag / Springer Fachmedien.

BDEW Bundesverband der Energie- und Wasserwirtschaft e.V. (2009) Energiemarkt Deutschland, Zahlen und Fakten zur Gas-, Strom und Fernwärmeversorgung. Frankfurt am Main: VWEW Energieverlag GmbH

Bittner, Gerhard; Schwarz, Elke (2010) Emotion Selling. Messbar mehr verkaufen durch neue Erkenntnisse der Neurokommunikation. 1. Auflage. Wiesbaden: Gabler Verlag.

Bontrup, Heinz; Marquardt, Ralf (2010) Kritisches Handbuch der Elektrizitätswirtschaft, Branchenentwicklung, Unternehmensstrategien, Arbeitsbeziehungen. Berlin: edition sigma

Brand, Matthias; Markowitsch, Hans J. (2006) Lernen und Gedächtnis aus neurowissenschaftlicher Perspektive. Konsequenzen für die Gestaltung des Schulunterrichts. Erschienen in Herrmann, Ulrich (Hrsg): Neurodidaktik: Grundlagen und Vorschläge für gehirngerechtes Lehren und Lernen. 1. Auflage. Basel: Beltz Verlag.

Brandmeyer, Klaus et all. (2008) Marken stark machen. Techniken der Markenführung. 1. Auflage. Weinheim: WILEY-VCH Verlag.

Bruhn, Manfred (1995) Integrierte Unternehmenskommunikation. 2. Auflage. Stuttgart: Schäffer-Poeschel Verlag.

Bundeskartellamt (2002) Missbrauchsverfahren gegen Strom-Netzbetreiber eingeleitet. Internet: http://www.bundeskartellamt.de/wDeutsch/archiv/PressemeldArchiv/2002/2002_01_29.php. Zugriff: 18.08.2011

Bundesnetzagentur (2011) Wie setzt sich der Strompreis zusammen? Internet: http://www.bundesnetzagentur.de/cln_1932/SharedDocs/FAQs/DE/BNetzA/Energie/PreiseEntgelte/WieSetztSichDerStrompreisZusammen.html?nn=125442. Zugriff: 10.08.2011

Diehl, Saskia (2009) Brand Attachment. Determinanten erfolgreicher Markenbeziehungen. 1. Auflage Wiesbaden: Gabler Fachverlag.

Domning, Marc; Elger, Christian E.; Rasel, André (2009) Neurokommunikation im Eventmarketing. Wie die Wirkung von Events neurowissenschaftlich planbar ist. 1. Auflage Wiesbaden: Gabler Fachverlag.

Esch, Franz-Rudolf (2007) Strategie und Technik der Markenführung. 4. Auflage. München: Vahlen Verlag.

Edelmann, Walter (2000) Lernpsychologie. 6. Auflage. Weinheim: Beltz PVU.

Edelmann, Gerald; Tononi, Giulio; Kuhlmann-Krieg, Susanne (2002) Gehirn und Geist: Wie aus Materie Bewusstsein entsteht. 1. Auflage. München: C.H.Beck Verlag.

Eising, Rainer (2000): Liberalisierung und Europäisierung: Die regulative Reform der Elektrizitätsversorgung in Großbritannien, der Europäischen Gemeinschaft und der Bundesrepublik Deutschland. Opladen: Leske + Budrich

Elste, Rainer (2009): Markenbeurteilung bei einzigartigen Produkteigenschaften. 1. Auflage. Wiesbaden: Deutscher Universitätsverlag; Gabler GWV Fachverlag.

Elger, Christian (2008): Neuroleadership: Erkenntnisse der Hirnforschung für die

Führung von Mitarbeitern. 1. Auflage. München: Haufe Verlag.

Fehling, Tina (2010): Globale Markenführung und Konsumentenverhalten: Konsumentenwahrnehmung der globalen Markanführung und der Globalität von Marken. Hamburg: Verlag Dr. Kovac.

Firnkorn, Hans-Jürgen (2000) Hirntod als Todeskriterium. 1.Auflage Schattauer F.K. Verlag.

Fuchs, Werner (2009) Warum das Gehirn Geschichten liebt. 1. Auflage. München: Rudolf Haufe Verlag.

Förstl, Hans (2004) Frontalhirn: Funktionen und Erkrankungen. 2. Auflage. Berlin: Springer Verlag.

Gage, Gregory J.; Parikh, Hirak; Marzullo, Timothy C (2009) Die zinguläre Theorie der Vereinigung. Der Gyrus cinguli macht alles. Erschienen in: Spitzer, Manfred (Hrsg.); Bertram, Wulf (Hrsg.): Hirnforschung für Neugierige, Schattauer.

Garzorz, Natalie (2008) Basics Neuroanatomie. 1. Auflage. München: Elsevier Verlag.

Gladwell, Malcolm (2005):blink: The Power of Thinking Without Thinking. Boston: Little, Brown and Company.

Gosler, Julia; Mitteldorf, Martin; Pika, Eva [Hrsg.] (2010): Marken in Bewegung. 1. Auflage. Berlin: Verlag Dr. Köster.

greenpeace-energy (2010): Geschäftsbericht. Internet: http://www.greenpeace-energy.de/fileadmin/docs/geschaeftsberichte/gpe_geschaeftsbericht_2010.pdf. Zugriff: 01.08.2011

Gröppel-Klein, Andrea (2004) Konsumentenverhaltensforschung im 21. Jahrhundert. 1. Auflage. Deutscher Universitäts-Verlag.

Gröschke, Dieter (2005) Psychologische Grundlagen für Sozial- und Heilpädagogik. 3. überarbeitete und erweiterte Auflage. Bad Heilbrunn: Klinkhardt Verlag.

Gudjons, Herbert (2008) Pädagogisches Grundwissen: Überblick- Kompendium- Studienbuch. 10. aktualisierte Auflage. Uni Taschenbücher Verlag.

Hanser; Scholtyssek [Hrsg.] (2000) Lexikon der Neurowissenschaft. Band 1. Heidelberg: Spektrum Akademischer Verlag GmbH.

Harms, Gunner (2010): Gerechtfertigte Strompreiserhöhungen? Internet: http://gruene-bundestag.de/cms/energie/dokbin/348/348969.strompreis.pdf. Zugriff: 13.08.2011.

Henseler, Jörg (2006) Das Wechselverhalten von Konsumenten im Strommarkt: Eine empirische Untersuchung direkter und moderierender Effekte. Wiesbaden: GWV Fachverlage GmbH

Hick, Christian; Hick, Astrid (2009) Intensivkurs Physiologie. 6. Auflage. München: Elsevier.

Häusel, Dr. Hans-Georg (2000) Think Limbic. Die Macht des Unbewussten verstehen und nutzen für Motivation, Marketing, Management. Planegg: WRS Verlag.

Häusel, Dr. Hans-Georg (2002) Limbic success: So beherrschen Sie die unbewussten Regeln des Erfolgs. München: Haufe Verlag.

Häusel, Dr. Hans-Georg (2003) Think Limbic. Die Macht des Unbewussten verstehen und nutzen für Motivation, Marketing, Management. Planegg: Haufe Verlag.

Häusel, Dr. Hans-Georg (2004) Brain Script: Warum Kunden kaufen. München: Haufe Verlag.

Häusel, Dr. Hans-Georg (2005) Think Limbic. Die Macht des Unbewussten verstehen und nutzen für Motivation, Marketing, Management. 4. überarb. Auflage Sonderausgabe. Freiburg im Breisgau: Haufe Verlag.

Häusel, Dr. Hans-Georg (2007) Limbic success: So beherrschen Sie die unbewussten Regeln des Erfolgs. 2. Auflage. München: Haufe Verlag.

Häusel, Dr. Hans-Georg (2007a) Neuromarketing. Erkenntnisse der Hirnforschung für Markenführung: Werbung und Verkauf. 1. Auflage. Freiburg: Haufe Verlag.

Häusel, Dr. Hans-Georg (2008) Brain View. 1. Auflage. München: Rudolf Haufe Verlag.

Häusel, Dr. Hans-Georg (2009) Eomotional Boosting: Die hohe Kunst der Kaufverführung. München: Rudolf Haufe Verlag.

Häusel, Dr. Hans-Georg (2010) Brain View. 2. Auflage. München: Rudolf Haufe Verlag.

Hülshoff, Thomas (2005) Medizinische Grundlagen der Heilpädagogik. 1. Auflage. Stuttgart: Utb Verlag.

Kaiser, Peter (2007): Religion in der Psychiatrie: Eine(un)bewusste Verdrängung?. 1.Auflage. Göttingen: V&R Unipress.

Kemfert Claudia (2003): Einblicke, Forschungsmagazin der Carl von Ossietzky Universität Oldenburg. Oldenburg.

Kircher, Tilo; Gauggel, Siegfried (2007) Neuropsychologie der Schizophrenie: Symptome, Kognition, Gehirn. 1. Auflage. Berlin: Springer Verlag.

Kirichuk, Inna (2008) Was Kunden wirklich wollen: Neuromarketing – Hirnforschung für mehr Kundenkenntnis. Marburg: Tectum Verlag.

Koch, Klaus-Dieter (2009) Was Marken unwiderstehlich macht. 101 Wege zur Begerlichkeit. Marburg: Tectum Verlag.

Koschinick, Wolfgang J. [Hrsg.] (2007) Focus-Jahrbuch 2007: Schwerpunkt: Neuroökonomie, Neuromarketing und Neuromarktforschung. München: Focus Magazin Verlag.

Kloubert, Thomas (2010): Kurzübersicht Energiewirtschaft. Internet: http://www.kloubi.de/resources/Kurzubersicht_Energiewirtschaft.pdf. Zugriff: 19.08.2011

Konstantin, Panos (2009): Praxisbuch Energiewirtschaft: Energieumwandlung, -transport und –beschaffung im liberalisierten Markt. 2. Auflage. Heidelberg/ Berlin: Springer Verlag

Krzeminski, Michael [Hrsg.]; Zerfaß, Ansgar [Hrsg.] (1998) Interaktive Unternehmenskommunikation. Frankfurt am Main: IMK

Lachmann Ulrich (2002) Wahrnehmung und Gestaltung von Werbung. Hamburg: Gruner + Jahr.

Leyh, A. (1999) Nur in deinem Kopf. Ein Update für Geist und Gehrin. Löhrbach: Werner Pieper & The grüne Kraft.

Lenné Überflieger (2011) Nicht schön, aber genial. Internet: http://ueberflieger.qoalu.com/artikel/nicht-schon-aber-genial/. Zugriff: 19.08.2011

LichtBlick AG (2011) Unternehmenspräsentation. Internet: http://www.lichtblick.de/pdf/info/lb_unternehmenspraesentation.pdf. Zugriff: 01.08.2011

LichtBlick AG (2011) Die Zukunft der Energie. Daten und Fakten. Internet: http://www.lichtblick.de/pdf/info/lb_unternehmensdarstellung.pdf

Lindstrom, Martin (2008) Buy ology: Truth and Lies about Why We Buy. 1. Auflag. New York Broadway Books.

Lorenz, Bettina (2009) Beziehungen zwischen Konsumenten und Marken. 1. Auflag. Wiesbaden: Gabler Fachverlag.

Mast, Claudia (2006) Unternehmenskommunikation: Ein Leitfaden. 2. Auflage. Stuttgart: Lucius & Lucius.

Meffert, Heribert; Burmann, Christoph; Koers Martin (2002) Stellenwert und Gegenstand des Markenmanagement. Internet: http://www.ephorie.de/pdfs/Meffert-Markenmanagement.pdf. Zugriff: 18.08.2011.

Morschitzky, Hans (2009) Angststörungen: Diagnostik, Konzepte, Therapie, Selbsthilfe. 4. überarbeitete und erweiterte Auflage. Wien: Springer Verlag.

Mulder, Theo (2006) Das adaptive Gehirn: Über Bewegung, Bewusstsein und Verhalten. 1. Auflage. Stuttgart: Thieme Verlag.

Möll, Thorsten (2007) Messung und Wirkung von Markenemotionen. 1. Auflage. Wiesbaden: GWV Fachverlag.

Nicolai, Marc; Schlüter, Hendrik; Kahlbaum, Linda (2009) Passende Puzzlesteine. In: energiespektrum. Nr. 11. Gilching: Verlagshaus Gilching.

OECD (2004) Wie funktioniert das Gehirn? Auf dem Weg zu einer neuen Lernwissenschaft. 1. Auflage. Stuttgart: Schattauer.

Oehler, Regina; Bernius, Volker; Wellmann, Karl-Heinz (2009) Was kann Psychologie? Wer wir sind und wie wir sein könnten. 1. Auflage. Basel: Beltz Verlag.

Pepels Werner (2001) Kommunikationsmanagement: Marketing- Kommunikation vom Briefing bis zur Realisation. 4. Auflage. Stuttgart: Schäffer-Poeschel Verlag.

Peuser, Martina-Maria; Wiedmann, Klaus-Peter [Hrsg] (2009) Kompetenzorientierte Markenkooperationen von Energieversorgungsunternehmen im B2B-Kundenbereich. 1. Auflage. Wiesbaden: Gabler Verlag.

Pförtsch, Waldemar ; Müller, Indrajanto (2006) Die Marke in Der Marke: Bedeutung Und Macht Des Ingredient Branding. Berlin / Heidelberg: Springer Verlag.

Pritzel, Monika; Brand, Matthias; Markowitsch, J. Hans (2009) Gehirn und Verhalten: Ein Grundkurs der physiologischen Psychologie. 1. Auflage. Heidelberg: Spektrum Akademischer Verlag.

Piwinger, Manfred (2007) Handbuch Unternehmenskommunikation Manfred Piwinger. 1. Auflage. Wiesbaden: Gabler Verlag.

Puttenat, Daniela (2007): Praxishandbuch Presse- und Öffentlichkeitsarbeit: Eine Einführung in professionelle PR und Unternehmenskommunikation. 1. Auflage. Wiesbaden: Gabler GWV Fachverlag.

Pöppel, Ernst (2008) Zum Entscheiden geboren. Hirnforschung für Manager. 1. Auflage. München: Carl Hanser Verlag.

Raab, Gerhard; Gernsheimer, Oliver; Schindler, Maik (2009) Neuromarketing: Grundlagen – Erkenntnisse – Anwendungen. 1. Auflage. Wiesbaden: Gabler GWV Fachverlag.

Raab, Gerhard; Gernsheimer, Oliver; Schindler, Maik (2009a) Neuromarketing: Grundlagen – Erkenntnisse – Anwendungen. 2. Auflage. Wiesbaden: Gabler GWV Fachverlag.

Rickheit, Gert; Herrmann, Theo (2003): Handbooks of Linguistics & Communication Science. 1. Auflage. Berlin: Gruyter Verlag.

Ries, AL; Trout, Jack (2001)Positioning: The Battle for Your Mind. New York: McGraw-Hill.

Roth, Gerhard (2001) Fühlen, Denken, Handeln: Wie das Gehirn unser Verhalten steuert. 1. Auflage. Frankfurt am Main: Suhrkamp Verlag.

Roth, Gerhard [Hrsg.]; Grün, Klaus-Jürgen [Hrsg.] (2006) Das Gehirn und seine Freiheit: Beiträge zur neurowissenschaftlichen Grundlegung der Philosophie. 3. Auflage. Göttingen: Vandenhoeck & Ruprecht.

Scheier, Christian; Held, Dirk (2006) Wie Werbung wirkt: Erkenntnisse des Neuromarketings. München: Rudolf Haufe Verlag.

Scheier, Christian; Held, Dirk (2008) Wie Werbung wirkt: Erkenntnisse des Neuromarketings. 2. Auflage. München: Rudolf Haufe Verlag.

Scheier, Christian; Held, Dirk (2007) Was Marken erfolgreich macht: Neuropsychologie in der Markenführung. 1. Auflage. München: Rudolf Haufe Verlag.

Scheier, Christian; Held, Dirk (2009) Was Marken erfolgreich macht: Neuropsychologie in der Markenführung. 2. Auflage. München: Rudolf Haufe Verlag.

Schirmer, Michael (2005) Neurochirurgie. 10. Auflage. München: Urban & Fischer Verlag.

Schikarski, Annette (2005): Markenbildung und Markenwechsel im deregulierten Strommarkt. 1 Auflage. Wiesbaden: Deutscher Universitäts-Verlag.

Schwab, Heike; Zowislo, Natascha (2002) Praxishandbuch Kommunikationsmanagement. Grundlagen und Instrumente der internen und externen Unternehmenskommunikation: 1. Auflage. Frankfurt/Main: Campus Verlag.

Schwarz, Friedhelm (2007) Der Griff nach dem Gehirn. Wie Neurowissenschaftler unser Leben verändern. 1. Auflage. Reinbek bei Hamburg: Rohwolt Verlag.

Spindler, Gerd P. (1987) Das Unternehmen in kritischer Umwelt: Öffentlichkeitsarbeit zwischen Macht und Mensch. Frankfurt am Main: Frankfurter Allgemeine Zeitung GmbH.

Spitzer, Manfred; Bertram, Wulf (2008) Braintertainment. 1. Auflage. Frankfurt/Main: Suhrkamp Taschenbuchverlag.

Solso, Robert L. (2004) Kognitive Psychologie. 1. Auflage. Berlin: Springer Verlag.

Storch, Maja (2005): Die Bedeutung Neurowissenschaftlicher Forschungsansätze für die Psychotherapeutische Praxis. Zürich: Universität Zürich, Pädagogische Psychologie.

StromAuskunft.de (2009) Wechselbereitschaft wächst. Internet: http://www.stromauskunft.de/de/html/service/energienachrichten.html?energienews=01587.strom-wechselbereitschaft-waechst. Zugriff: 03.08.2011.

StromAuskunft.de (2010) Deutsche scheuen Stromanbieterwechsel. Internet: http://www.stromauskunft.de/de/html/service/energienachrichten.html?energienews=03249.deutsche-scheuen-stromanbieterwechsel. Zugriff: 03.08.2011.

StromAuskunft.de (2011a) Studie: Jeder Vierte wechselt den Stromanbieter. Internet: http://www.stromauskunft.de/de/html/service/energienachrichten.html?energienews=04340.studie-jeder-vierte-wechselt-den-stromanbieter. Zugriff: 03.08.2011.

StromAuskunft.de (2011b) Ökostrom Gütesiegel- Ökostrom Zertifikate. Internet: http://www.stromauskunft.de/de/html/oekostrom/oekostrom-guetesiegel.html. Zugriff: 08.08.2011.

StromAuskunft.de (2011c) Greenpeace Energy. Internet: http://www.stromauskunft.de/de/stromanbieter/greenpeace-energy.html. Zugriff: 08.08.2011.

strom-magazin.de (2011d) Lichtblick: Ökostrom Internet: http://www.strom-magazin.de/lichtblick-oekostrom-biogas/. Zugriff: 03.08.2011.

TNS Infratest (2009) Strommarkt 2009. Internet: http://www.tnsinfratest.com/presse/pdf/presse/2009_02_05_tns_infratest_charts_energieversorger.pdf, Zugriff:18. August 2011.

Trommsdorff Volker (2009) Konsumentenverhalten. 7. Auflage. Stuttgart: Kohlhammer Verlag.

Verband der Elektrizitätswirtschaft e.V. (2007) Umfrageergebnisse: Wechselverhalten von Stromkunden. Internet: http://www.bdew.de/bdew.nsf/id/DE_20070813_Wechselverhalten_Stromversorger/$file/Charts_PK_Kundenwechsel.pdf. Zugriff: 09.08.2011.

Wallesch, Claus; Lins, Hartmut; Herrmann, Manfred (1997) Neurologie und klinische Neuropsychologie in Methoden der Hirnforschung. 1.Auflage. Heidelberg: Spektrum Akademischer Verlag.

Walter, Henrik [Hrsg.] (2004) Funktionelle Bildgebung in Psychiatrie und Psychotherapie: Methodische Grundlagen und klinische Anwendungen. 1. Auflage. Stuttgart: Schattauer Verlag.

Walter-Busch, Emil (2008) Arbeits- und Organisationspsychologie im Überblick. 1. Auflage. UTB.

Wirtz, Bernd B. [Hrsg.]; Burmann, Christoph [Hrsg.] (2006) Ganzheitliches Direktmarketing. 1. Auflage. Wiesbaden: Gabler Verlag Wiesbaden.

Woolfolk, Anita; Schönpflug, Ute (2008) Pädagogische Psychologie. 10. bearbeitete Auflage München: Pearson Studium.

Wölki, Philip (2007) Briefing gut - Werbung gut: Marketing-Wissen für Werber, Kreative & Co. Landsberg am Lech: mi-fachverlag.

Werben&Verkaufen (2011) Marktchancen vom Winde verweht. Ausgabe Nr. 14. München: Verlag Werben&Verkaufen.

Youtube.com (2011) PROKON Unternehmensgruppe - Genussrechte, Windenergie, Biogene Kraftstoffe, Biomasse. Internet: http://youtu.be/sFGJTq7HJo0. Zugriff: 29.08.2011

Zaboura, Nadja (2008) Das empathische Gehirn: Spiegelneurone als Grundlage menschlicher Kommunikation. 1. Auflage. Wiesbaden: VS Verlag für Sozialwissenschaften.

Zaltman, Gerald (2003) How customers think: essential insights into the mind of the market. 1. Auflage. Mcgraw-Hill Professional.

Zurawicki, Leon (2003) Neuromarketing: Exploring the Brain of the Consumer. 1. Auflage. Berlin / Heidelberg: Springer-Verlag.

Anhang

Wie alt sind Sie? *

- ○ 21 Jahre oder jünger
- ○ 22 - 25 Jahre
- ○ 26 - 29 Jahre
- ○ 30 - 35 Jahre
- ○ 35 Jahre oder älter

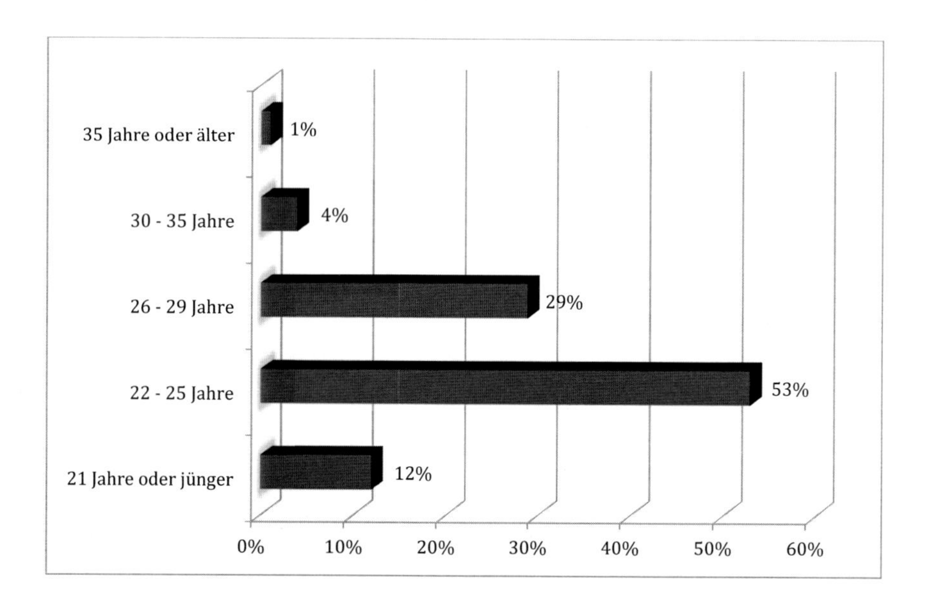

Welches Geschlecht haben Sie? *

- ○ weiblich
- ○ männlich

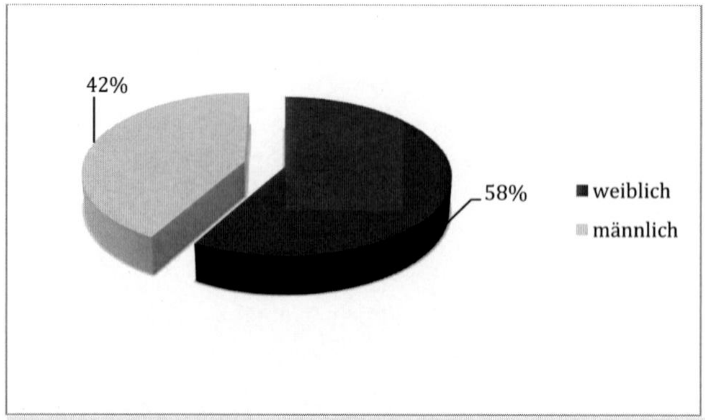

Bitte nennen Sie Ihren höchsten Bildungsabschluss. *

- ○ Hauptschulabschluss / Mittlere Reife
- ○ Berufsausbildung
- ○ Fachabitur / Abitur
- ○ Bachleor
- ○ Master / Diplom
- ○ Promotion
- ○ Other:

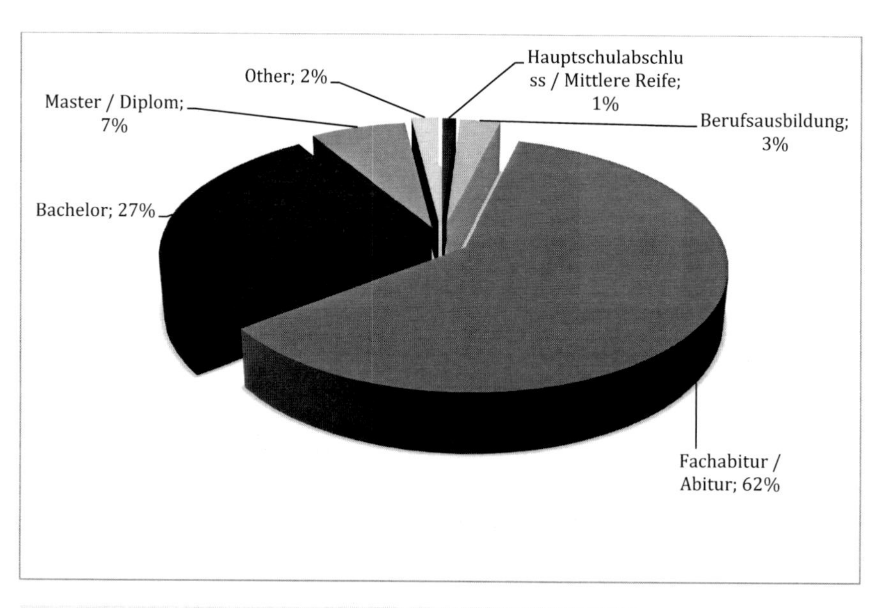

Was für eine Tätigkeit führen Sie gerade aus? *

- Angestellt
- Selbstständig
- Student / Schüler
- Sonstiges
- Keine Angabe

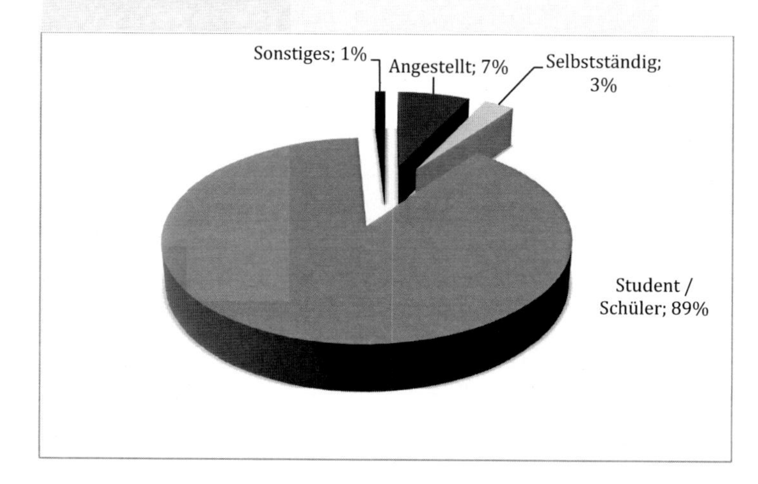

1. Welchen Stromanbieter haben Sie?

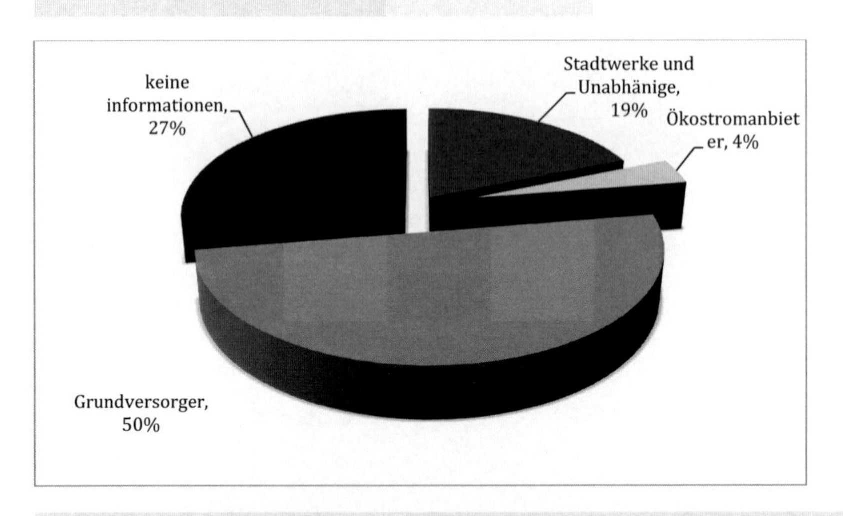

2. Haben Sie in den letzten sechs Monaten über einen Anbieterwechsel nachgedacht? *

(Auswahl)

- Ja
- Nein

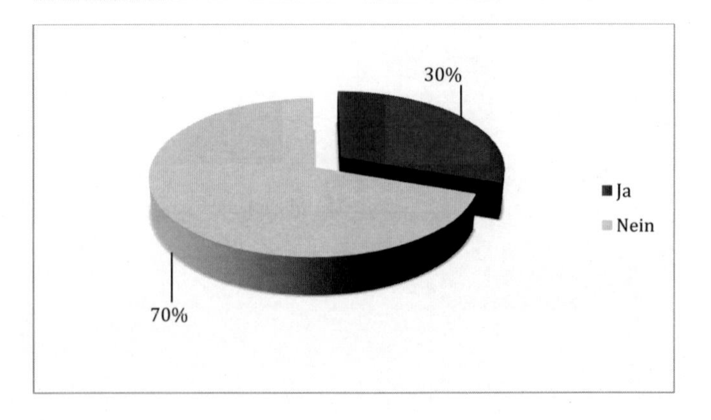

2.1 Gab es einen bestimmten Grund weswegen Sie diese Überlegung hatten?

(keine Pflichtfrage)

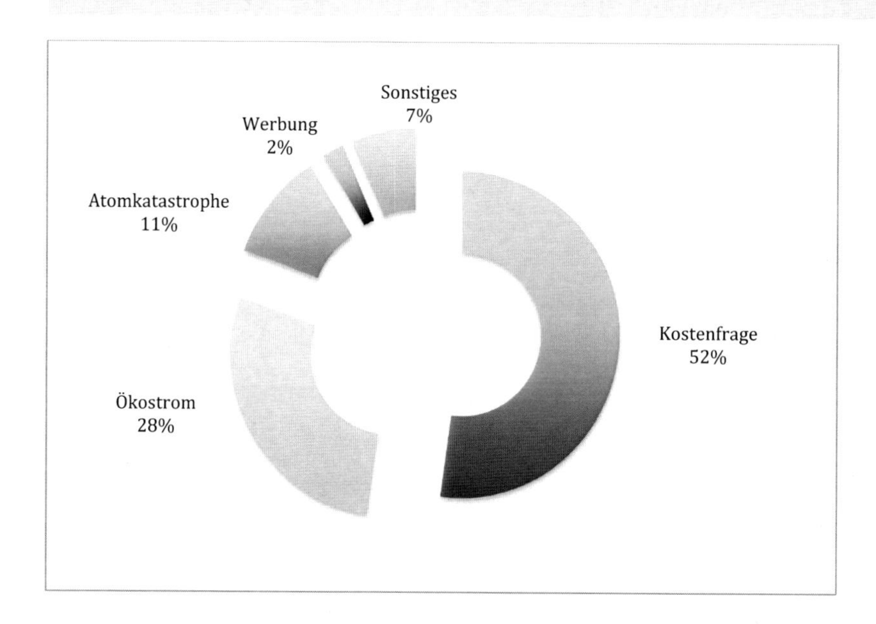

3. Fühlen Sie sich über die aktuellen Angebote auf dem Strommarkt gut informiert? *

(Auswahl)

- ○ sehr informiert
- ○ durchaus informiert
- ○ kaum informiert
- ○ nicht informiert
- ○ keine Angabe

4. Fühlen Sie sich über die aktuellen Angebote der Ökostromanbieter gut informiert? *

(Auswahl)

- ○ sehr informiert
- ○ durchaus informiert
- ○ kaum informiert
- ○ nicht informiert
- ○ keine Angabe

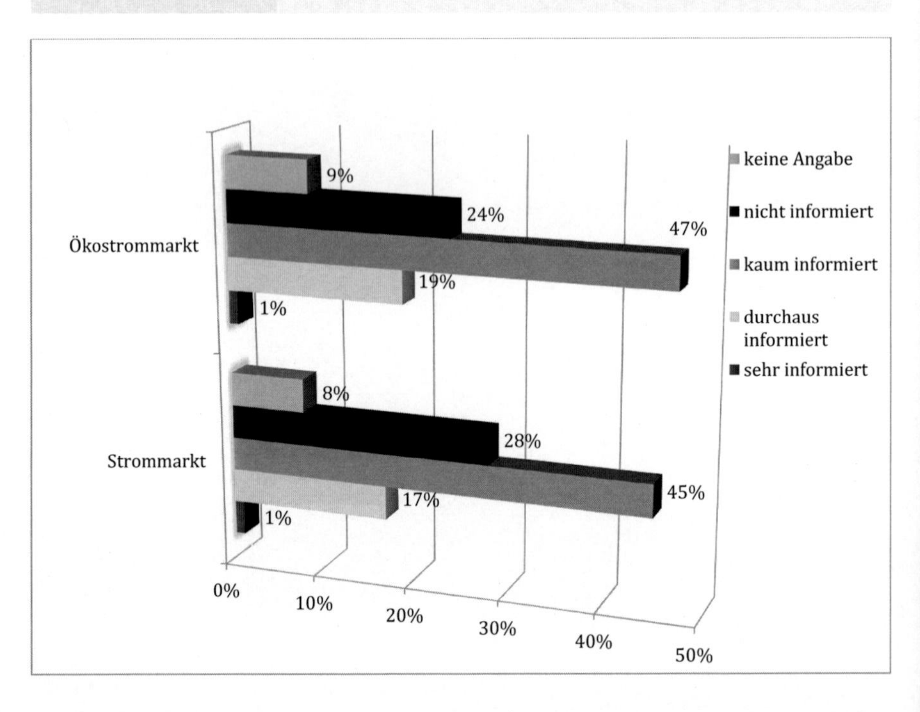

5. Können Sie sich an Werbung (TV, Radio, Print) eines Ökostromanbieters in den letzten sechs Monaten erinnern? *

(Auswahl)

- Ja
- Nein

5.1 Können Sie den Inhalt der Werbung oder den Anbieter nennen?

(keine Pflichtfrage)

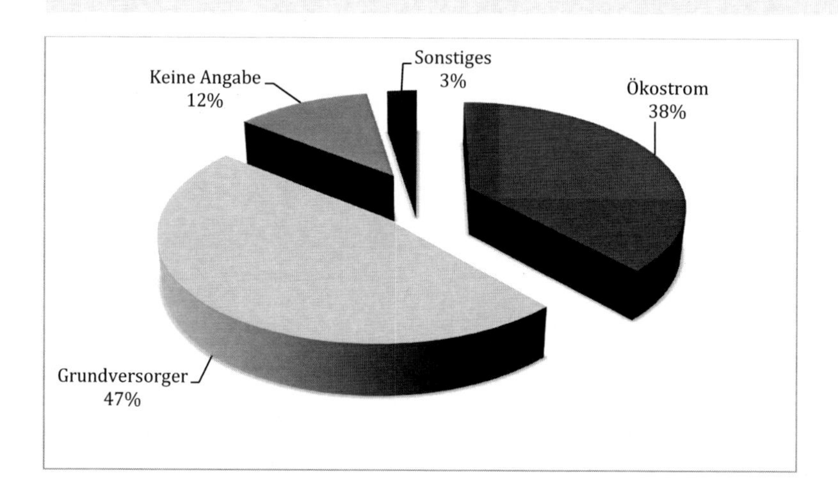

6. Welche Ökostromanbieter sind Ihnen bekannt? *

(Mehrfachauswahl möglich)

- ☐ Lichtblick
- ☐ Greenpeace Energy eG
- ☐ EWS - Elektrizitätswerke Schönau
- ☐ Naturstrom AG
- ☐ Strommixer GmbH & Co KG
- ☐ ENTEGA Vertrieb GmbH & Co KG
- ☐ Naturwatt GmbH
- ☐ Mir ist keiner der Anbieter bekannt.
- ☐ Other: ________

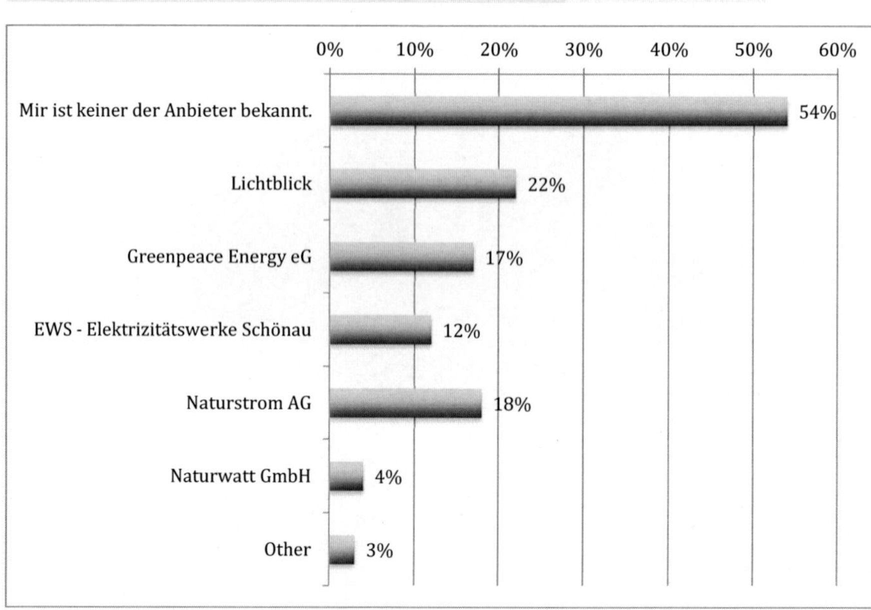

7. Würden Sie Mehrkosten in Kauf nehmen um Ökostrom zu beziehen? *

(Auswahl)

- ☐ Ja
- ☐ Nein

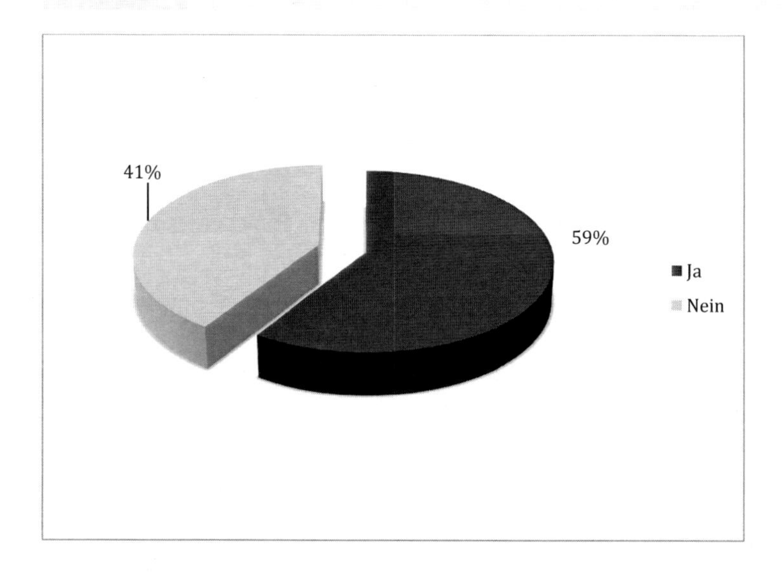

7.1 Wenn ja, wie viel Prozent mehr wären Sie bereit zu zahlen?

(keine Pflichtfrage)

- ○ bis zu 2,5%
- ○ bis zu 5%
- ○ bis zu 10%
- ○ über 10 %
- ○ Other:

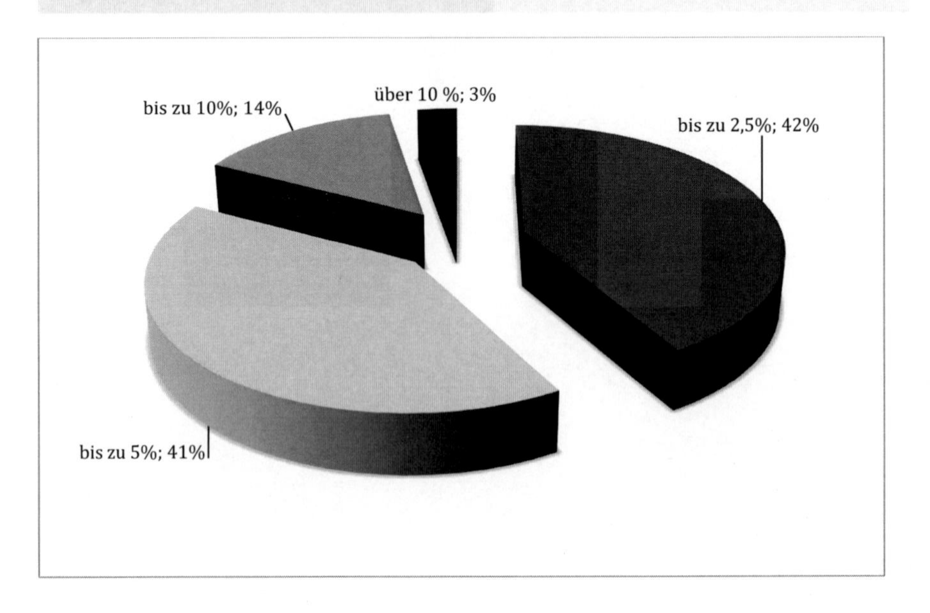